物流专业（仓储与配送方向）课程改革成果教材

货物认知与养护

浙江省教育厅职成教教研室　组编
主　编　吴晓斌
副主编　沈佳乐　张雪明　宋必武
参　编　王雅雅　叶丽娜　李正来　戴建勇
主　审　曾益坤

机械工业出版社

本书是中等职业教育物流专业（仓储与配送方向）课程改革成果教材系列之一。全书以“任务驱动，行动导向”为核心思想，着重对货物的认知与养护的知识与技能进行阐述和介绍，充分体现了中等职业教育物流理论教学与实践操作相结合的原则。

全书共分成六个项目：项目一为货物认识体验，项目二为货物检验，项目三为货物的分类与分级，项目四为普通货物的存储与养护，项目五为特殊货物的存储与养护，项目六为食品的存储。

本书可以作为中等职业学校物流专业及相关专业的教材，也可作为物流企业管理人员的学习和培训用书。

图书在版编目（CIP）数据

货物认知与养护 / 吴晓斌主编；浙江省教育厅职成教教研室组编. —北京：机械工业出版社，2011.9（2024.1 重印）

物流专业（仓储与配送方向）课程改革成果教材

ISBN 978-7-111-35974-6

Ⅰ. ①货… Ⅱ. ①吴… ②浙… Ⅲ. ①物流—货物运输—中等专业学校—教材 Ⅳ. ① F252

中国版本图书馆 CIP 数据核字（2011）第 196624 号

机械工业出版社（北京市百万庄大街 22 号 邮政编码 100037）

策划编辑：宋 华 责任编辑：李 兴

封面设计：陈 沛 责任印制：刘 媛

涿州市般润文化传播有限公司印刷

2024 年 1 月第 1 版 • 第 15 次印刷

184mm×260mm • 7 印张 • 170 千字

标准书号：ISBN 978-7-111-35974-6

定价：29.80 元

电话服务

客服电话：010-88361066

010-88379833

010-68326294

网络服务

机 工 官 网：www.cmpbook.com

机 工 官 博：weibo.com/cmp1952

金 书 网：www.golden-book.com

机工教育服务网：www.cmpedu.com

浙江省中等职业教育物流专业（仓储与配送方向）课程改革成果教材编写委员会

前言

2006年，浙江省人民政府召开全省职业教育工作会议并下发《浙江省人民政府关于大力推进职业教育改革与发展的意见》（浙政发[2006]41号），指出“为加大对职业教育的扶持力度，重点解决我省职业教育目前存在的突出问题”，决定实施“浙江省职业教育六项行动计划”。2007年年初，作为“浙江省职业教育六项行动计划”项目之一的浙江省中等职业教育专业课程改革研究正式启动。该项目计划用5年左右的时间，分阶段对约50个专业的课程进行改革，初步形成能与现代产业和行业发展相适应的、体现浙江省特色的课程标准和课程结构，满足社会对中等职业教育的需要。

专业课程改革亟待改变原有的以学科为主线的课程模式，尝试构建以岗位能力为本位的专业课程新体系，促进职业教育内涵的发展。基于此，课题组本着“积极稳妥、科学谨慎、务实创新”的原则，对相关行业、企业的人才结构现状、专业发展趋势、人才需求状况、职业岗位群对知识技能的要求等方面进行了系统的调研，并在庞大的数据中梳理出共性问题。在把握了行业、企业的人才需求与职业学校的培养现状，掌握国内中等职业学校各专业人才培养动态的基础上，最终确立了“以核心技能培养为专业课程改革主旨，以核心课程开发为专业教材建设主体，以教学项目设计为专业教学改革重点”的浙江省中等职业教育专业课程改革新思路，并着力构建“核心课程＋教学项目”的专业课程新模式。这项研究得到了由教育部职业技术中心研究所、中央教育科学研究所和华东师范大学职业教育研究所等单位的专家组成的鉴定组的高度肯定。他们认为，该课题研究“取得的成果创新性强、操作性强，已达到国内同类研究的领先水平”。

依据本课题研究形成的课程理念及其“核心课程＋教学项目”的专业课程新模式，课题组邀请了行业专家、高校专家以及一线骨干教师组成教材编写组，根据先期形成的教学指导方案着手编写本套教材，几经论证、修改，现付梓成书。

《货物认知与养护》是物流专业（仓储与配送方向）课程改革成果教材系列之一。本书主要对仓储与配送过程中产生的货物的认知、货物的分类与分级、普通货物与特殊货物的存储与养护、食品的存储作了比较详细的介绍。全书分为六个项目，十九个任务。每个项目都由教学目标、导入案例引入，再由若干个工作任务组成；每个任务都有技能训练活动、知识链接、知识拓展；每个任务完成之后配合设计了实训评分表，作为检查任务实施成果的依据。项目任务的设计以现代物流仓储企业的实际案例为背景，兼顾货物认知与养护的普遍性、操作的实用性，配以翔实生动的图表，图文对照，力求符合中职学生的认知水平、能力特点和教学需要。

本书由吴晓斌任主编，沈佳乐、张雪明、宋必武任副主编，参加编写的还有王雅雅、叶丽娜、李正来、戴建勇，由曾益坤主审。在本书的编写过程中，借鉴了国内外许多专家的观点，参考了许多论文、专著、网站的资料，他们的观点和材料对编者有很大的帮助，鉴于篇幅不能一一列出，在此谨向相关作者表示诚挚的谢意。

由于物流专业目前在国内尚属新兴发展学科，处于发展和不断完善阶段，编写这样的专业书籍更是带有尝试性的开拓工作，加之时间仓促和编者水平有限，书中难免有不足之处，恳请读者提出宝贵的意见和建议，以求不断改进和完善。

编　者

目录

项目一　货物认识体验

教学目标

认识日常生活和工业生产上常见的各种货物，并能进行正确地识别与分类。

案例导入

超市琳琅满目的商品

同学们利用课余时间，漫步在大型超市琳琅满目的商品和排列整齐的货架中细心观察，可以得到对超市商品的直观印象。超市货架的通道区悬挂的指示牌，可以帮助人们快速寻找目标。例如在食品区，可以购买到各种零食和新鲜的蔬果蔬菜；在日化区，能够找到各种洗涤用品；在五金家电区，家用电器和水管、龙头、开关可任意选购；在服装区，顾客不仅可以买到款式多样、价格实惠的服饰，还能享受到商家提供的免费裁剪等服务……

点评：生活的每一天从起床到入睡，要接触到大量的货物，因此，很有必要去认识和了解它们，让它们为人们所用。

任务一　生活用货物的认识体验

技能训练活动

一、准备工作

（1）提前一周收集生活中五个以上常见货物的包装，带回备用。

（2）利用周末的时间逛超市，记下自己所看到货物的名称以及自己对琳琅满目的货物的感受。

二、需要的设备

（1）收集的常见货物样品或包装。

（2）多媒体实训室。

三、技能训练

（1）全班按照 10 人一组进行分组，每组选出组长。

（2）组内成员谈谈自己逛超市，看到琳琅满目的货物的感受。

（3）每组成员对自己收集的货物结合 PPT 演示文件进行展示和介绍，增加学生对货物的认识。

（4）比一比，看谁一分钟说出的货物名称更多。

（5）对收集的货物进行分类。

四、作业展示及点评

根据技能训练活动要求以及作业展示的内容与质量进行评分，并将得分填入表 1-1 中。

表 1-1　货物收集与认识实训评分表

考评小组		被考评小组	
考评地点			
考评内容			
考评标准	内　容	分　值	实际得分
	收集货物包装的代表性	20	
	对超市货物的感受和了解程度	40	
	制作的演示文件的质量	40	
合　计		100	

注：考评满分为 100 分，85 分以上为优秀；75 ～ 84 分为良好；60 ～ 74 分为及格；60 分以下为不及格。

知识链接

一、日用百货的概念与分类

消费品是用来满足人们物质和文化生活需要的那部分社会产品，也可以称作“消费资料”或者“生活资料”。显然，日用百货是指人们日常生活中需要用到的物品，应该属于消费资料这一门类。

消费品与人们日常生活息息相关，大型商场和超市是其最主要的交换与消费场所。回顾一下课前同学们逛超市的感受，总结一下超市的典型货物分类，见表 1-2。

表 1-2　超市的典型货物分类表

商品大类		商品中类		商品小类					
代码	名称	代码	名称	代码	名称	代码	名称	代码	名称
1	包装食品	101	休闲食品	10101	膨化食品	10102	干果炒货	10103	果脯蜜饯
				10104	肉脯食品	10105	鱼片		

（续）

商品大类		商品中类		商品小类					
代码	名称	代码	名称	代码	名称	代码	名称	代码	名称
		102	饼干糕点	10201	饼干	10202	派类	10203	糕点
				10204	曲奇				
		103	糖果	10301	香口胶	10302	巧克力	10303	硬糖
				10304	软糖	10305	果冻		
		104	冲调食品	10401	奶、豆粉	10402	麦片 / 餐糊	10403	茶叶
				10404	夏凉饮品	10405	功能糖	10406	固体咖啡
				10407	藕粉、羹				
		105	营养保健品	10501	参茸滋补	10502	浓缩保健	10503	减肥食品
				10504	药酒	10505	蜂产品		
2	饮料烟酒	201	饮料	20101	碳酸饮料	20102	饮用水	20103	茶饮 / 咖啡
				20104	果汁	20105	功能饮料	20106	常温奶品
		202	酒类	20201	国产白酒	20202	葡萄 / 色酒	20203	啤酒
				20204	功能酒	20205	进口酒	20206	其他
		203	烟草	20301	国产烟	20302	进口烟	20303	雪茄
				20304	烟叶、丝	20305	烟具		
3	副食	301	罐头	30101	水果罐头	30102	农产罐头	30103	畜产罐头
				30104	水产罐头	30105	果酱	30106	沙拉酱
		302	调味制品	30201	调味料	30202	调味汁	30203	调味酱
		303	土产干货	30301	农产干货	30302	水产干货	30303	畜产干货
		304	酱菜	30401	酱菜	30402	腐乳		
4	粮油	401	速食品	40101	方便面	40102	方便粥 / 饭	40103	速食调理
		402	粮食类	40201	米面类	40202	杂粮类	40203	粮食制品
		403	食用油	40301	花生油	40302	调和油	40303	色拉油
				40304	粟米油	40305	菜籽油		
		404	宠物类	40401	宠物食品	40402	宠物用品		
5	生鲜类	501	畜禽类	50101	猪肉及分割	50102	猪肉加工品	50103	牛肉及分割
				50104	牛肉加工品	50105	羊肉及分割	50106	羊肉及加工品
				50107	禽类及分割	50108	禽类加工品		
		502	水产类	50201	淡水鱼类	50202	海水鱼类	50203	虾蟹贝龟
				50204	水产制品	50205	水发制品		
		503	蔬果类	50301	蔬菜	50302	水果	50303	干菜
		504	熟食速食	50401	熟食制品	50402	速食制品		
6	日配类	601	面包主食	60101	面包西点	60102	主食面点		
		602	熟食素食	60201	熟食制品	60202	豆制小菜	60203	半成品
				60204	素食制品				

（续）

商品大类		商品中类		商品小类					
代码	名称	代码	名称	代码	名称	代码	名称	代码	名称
		603	奶蛋类	60301	鲜奶	60302	发酵奶	60303	调味奶
				60304	奶油乳酪	60305	蛋品类		
		604	冻品类	60501	速冻面点	60502	微波食品	60503	肉类制品
				60504	水产制品	60505	蔬菜制品	60506	冰棒雪糕
		606	保鲜果汁	60601	鲜果汁	60602	鲜菜汁		
7	散装加工	701	散货食品	70101	散装蜜饯	70102	散装干果	70103	散装糖果
				70104	散装干货	70105	散装茶叶	70106	散装糕点
				70107	散装粮	070106	散装油		
		702	自制加工	70201	面包西点	70202	主食面点	70203	熟食制品
				70204	素食制品	70205	半成品		
8	文体办公	801	文化办公	80101	文具	80102	纸张本册	80103	档案用品
				80104	办公器材	80105	通信器材	80106	工艺 / 礼品
				80107	相册相框				
		802	体育娱乐	80201	娱乐用品	80202	球类球具	80203	运动器材
				80204	健身器材	80205	保健器械		
		803	图书音像	80301	图书类	80302	期刊	80303	音像制品
				80304	影像制品				
		804	玩具类	80401	塑料玩具	80402	布绒玩具	80403	拼装玩具
				80404	电动玩具	80405	仿真玩具	80406	童车童床
				80407	益智玩具				
9	五金家电	901	五金交电	90101	自行车配件	90102	灯具照明	90103	电工电料
				90104	家用五金	90105	汽摩用品	90106	维修工具
		902	视听家电	90201	电视	90202	影碟机	90203	音响
				90204	随身听	90205	游戏机	90206	电脑
				90207	摄像机	90208	辅助器材		
		903	普通家电	90301	冰箱冰柜	90302	洗衣机	90303	空调
				90304	精品小家电	90405	热水器	90406	灶具
				90407	油烟机	90408	饮水机	90409	微波炉
10	家居百货	1001	家居用品	100101	家用厨具	100102	餐具茶具	100103	不锈钢制品
				100104	搪瓷铝制品	100105	玻璃制品	100106	塑料制品
				100107	家用耗品	100108	家用杂品		

（续）

商品大类		商品中类		商品小类					
代码	名称	代码	名称	代码	名称	代码	名称	代码	名称
10	家居百货	1002	休闲用品	100201	拼装家具	100202	竹木藤具	100203	室内装饰
				100204	雨具伞具	100205	工艺盆栽		
		1003	箱包皮具	100301	成人箱包	100302	学生包	100303	旅行箱包
				100304	休闲包	100305	钥匙包钱包		
11	洗涤日化	1101	个人洁护	110101	洗浴用品	110102	洗发用品	110103	美发护发
				110104	美容化妆	110105	润护肤品	110106	个人洁护
				110107	功能液 / 皂	110108	婴幼用品		
		1102	家用清洁	110201	洗衣粉	110202	衣物护理	110203	居室清洁剂
				110204	厨房清洁剂	110205	浴厕清洁剂	110206	皮革养护剂
				110207	洗衣皂				
		1103	家用纸品类	110301	餐 / 面 / 湿巾	110302	卫生巾	110303	护垫
				110304	家用卷纸	110305	成人保健	110306	一次性用品
		1104	杀虫芳香类	110401	杀虫片 / 剂	110402	杀虫器 / 具	110403	防虫用品
				110404	芳香剂	110405	除湿用品		
12	针纺服饰	1201	床上用品	120101	寝具套件	120102	床单被罩	120103	床垫枕头
				120104	夏凉用具	120105	被 / 褥 / 枕 / 垫	120106	家装布艺
		1202	针棉织品	120201	男内衣 / 裤	120202	女内衣 / 裤	120203	男 / 女睡衣
				120204	男袜	120205	女袜	120206	毛巾浴巾
				120207	儿童内衣	120208	童袜		
		1203	服装服饰	120301	男式服装	120302	女式服装	120303	儿童服装
				120304	衬衫	120305	御寒外套	120306	应季时装
				120307	毛衣毛裤	120308	皮带	120309	领带
		1204	鞋帽类	120401	男式皮鞋	120402	女式皮鞋	120403	童鞋
				120404	拖鞋	120405	旅游鞋	120406	便鞋
				120407	休闲鞋	120408	功能鞋		

从上表的简单分类可以看到，人们衣食住行的主要物品已经基本囊括其中。也就是说，超市商品基本上可以涵盖人们日常生活所需商品的绝大部分内容。

二、超市商品的分类原则

对品种繁多的超市商品进行分类，是超市科学化、规范化管理的需要，有利于超市商品进行采购、配送、销售、盘点和核算，以提高管理效率和经济效益。因此，超市的商品分类必须要按照一定的原则和规范。

1．大分类的分类原则

在大型超市中为便于管理，大分类的划分最好不要超过十个。不过，这仍须视经营者的经营理念而定。经营者若想扩大经营规模或者实现特色化经营模式，可能就要使用比较多的大分类。大分类的原则通常依商品的特性来划分，如生产来源、生产方式、处理方式、保存方式等，类似的一大群商品集合起来作为一个大分类。例如水产就是一个大分类，原因是这个分类的商品来源皆与水、海或河有关，保存方式及处理方式也都相近，因此可以归成一个大类。

2．中分类的分类原则

（1）根据商品的功能、用途划分。根据商品在消费者使用时的功能或用途来分类，比如在糖果饼干这个大分类中，划分出一个“早餐关联”的中分类。“早餐关联”是一种功能及用途的概念，此类商品在于解决消费者有一顿“方便营养的早餐”，因此在分类里就可以集合面包、果酱、花生酱、麦片、牛奶等商品。

（2）根据商品的制造方法划分。有时某些商品的用途并非完全相同，若必须要以用途、功能来划分略显困难，此时可以就商品制造的方法近似来加以网罗划分。例如在畜产的大分类中，有一个称为“加工肉”的中分类，这个中分类网罗了火腿、香肠、热狗、炸鸡块、熏肉等商品，它们的功能和用途不尽相同，加工制作程序近似，因此“经过加工再制的肉品”就成了一个中分类。

（3）根据商品的产地来划分。在经营策略中，有时候会希望将某些商品的特性加以突出，又必须特别加以管理，因而发展出以商品的产地来源作为分类的依据。例如有的商店很重视外国顾客，因而特别注重进口商品的经营，则陈列了“进口饼干”这个中分类，把属于国外来的饼干都收集在这一个中分类中，便于进货或销售的统计，也有利于卖场的演出。

3．小分类的分类原则

（1）根据功能用途分类。此分类与中分类的功能、用途分类原理相同，只是在商品的范围上进行更为细致的分类。

（2）根据规格包装形态来分类。规格、包装形态可作为分类的原则，例如铝箔包装饮料、碗装速食面、真空包装大米等。

（3）以商品的成分为依据的分类原则。有些商品也可以商品的成分来归类，例如对于纯果汁商品，“凡是成分含100%的果汁饮料”就归属在这一个分类。

（4）以商品的口味为依据的分类原则。以口味来做商品的分类，例如“牛肉面”也可以作为一个小分类，凡是牛肉口味的面，就归属在这一分类。

知识拓展

由于国情和科学技术发展水平的不同，各国货物分类的层次并不统一。同时，由于各部门、各系统对货物进行分类的目的不同，货物类目的划分也不相同。下面简要介绍两种货物分类标准。

一、中华人民共和国国家标准《全国主要产品分类与代码》（GB/T 7635-2002）

《全国主要产品分类与代码》有相对独立的两个部分组成：《全国主要产品分类与代码第 1 部分：可运输产品》（GB/T7635.1—2002）和《全国主要产品分类与代码第 2 部分：不可运输产品》（GB/T 7635.2—2002）。该标准与联合国统计委员会制定的《主要产品分类》（Central Product Classification，简称 CPC）相对应，结构与层次基本相同，略有差异。《全国主要产品分类与代码》的主要内容见表 1-3。

表 1-3　国家标准《全国主要产品分类与代码》的主要内容

项　　目	第 1 部分：可运输产品		第 2 部分：不可运输产品	
标准编号	GB/T—7635.1—2002		GB/T 7635.2—2002	
主要部类	0 大部类	农林（牧）渔业产品；中药	5 大部类	无形资产；土地；建筑工程；建筑服务
	1 大部类	矿和矿物；电力、可燃气和水	6 大部类	经销业服务；住宿服务；食品和饮料供应服务；运输服务；公共事业和商品销售服务
	2 大部类	加工食品、饮料和烟草；纺织品、服装和皮革制品	7 大部类	金融及有关服务；不动产服务；出租和租赁服务
	3 大部类	除金属制品、机械和设备外的其他可运输物品	8 大部类	商务和生产服务
	4 大部类	金属制品、机械和设备	9 大部类	社区、社会和个人服务

二、《商品名称及编码协调制度》

《商品名称及编码协调制度》简称“协调制度”，又称“HS”（The Harmonized Commodity Description and Coding System，简称为 HS），是指在原海关合作理事会（现为世界海关组织）商品分类目录和国际贸易标准分类目录的基础上，协调国际上多种商品分类目录而制定的一部多用途的国际贸易商品分类目录。在现实工作中，为了适用于海关监管、海关征税及海关统计的需要，按照进出口商品的性质、用途、功能或加工程度等将商品准确地归入协调制度中与之对应的类别和编号。

商品编码是科学、系统的国际贸易商品分类体系，适用于国际贸易有关的多方面的需要，如海关、统计、贸易、运输、生产等，是国际贸易商品分类的一种“标准语言”。

HS 的总体结构有三部分：一是归类总规则，共六条，规定了分类原则和方法，以保证对 HS 使用和解释的一致性，使某一具体商品能够始终归入一个唯一编码；二是类（Section）、章（Chapter）、目（Heading）和子目（Sub-Heading）注释，严格界定了相应的商品范围，阐述专用术语的定义或区分某些商品的技术标准及界限；三是按顺序编排的目与子目编码及条文，采用六位编码，将所有商品分为 21 类、97 章，章下再分为目和子目。

1993 年 1 月 1 日，我国海关正式采用 HS 编制中国的海关商品编码。我国海关采用的 HS 分类目录，前六位数是 HS 国际标准编码，第七、第八两位是根据我国关税、统计和贸易管理的需要加列的本国子目。在8位数分类编码的基础上，我国根据实际工作需要对部分税号又进一步分出了第九、第十位数编码。

任务二　阅读货物说明书

技能训练活动

一、准备工作

（1）准备若干份不同类别的货物说明书。

（2）选择一份货物说明书进行了解，然后陈述其主要内容。

二、需要的设备

（1）笔和记事本。

（2）多媒体实训室。

三、技能训练

（1）全班按照10人一组进行分组，每组选出组长。

（2）每组推荐代表陈述一份货物说明书，并进行总结。

（3）教师进行点评，指导学生如何阅读货物说明书。

（4）学生再次阅读货物说明书，并体验里面的关键信息。

四、作业展示及点评

根据技能训练活动要求以及作业展示的内容与质量进行评分，并将得分填入表1-4中。

表1-4　阅读货物说明书实训评分表

考评小组		被考评小组	
考评地点			
考评内容			
考评标准	内　　容	分　　值	实际得分
	选择的货物说明书的代表性	20	
	说明书陈述的效果	40	
	说明书中关键信息的把握程度	40	
合　　计		100	

注：考评满分为100分，85分以上为优秀；75～84分为良好；60～74分为及格；60分以下为不及格。

知识链接

一、货物说明书的概念

货物说明书是一种以说明为主要表达方式，用简洁易懂、规范严谨的语言向操作者或消费者通俗地介绍货物（包括服务）的性能、特征、用途、操作使用和保养方法等知识的文书材料。货物说明书有时也叫使用说明书。其写作目的是教人以知，教人以用。

二、货物说明书的作用

简单来说，货物说明书具有说明指导、宣传促销、信息交流和强制指令的作用。

（1）说明指导作用。通过说明书的阅读使得用户了解该货物的使用以及保存过程中应该注意的事项。

（2）宣传促销作用。通过说明书向用户和看到说明书的人传达该产品的相关信息，特别是产品的功能与用途，达到宣传促销的目的。

（3）信息交流作用。说明书是生产制造厂商与用户之间相互了解和沟通的平台，用户可以通过说明书了解厂商的情况，发现问题及时与之取得联系并获得质量和品质担保。

（4）强制指令作用。说明书指导用户如何使用、保养和储存该产品，如果用户违反说明书进行错误操作等，有可能会造成该产品的故障、损坏、失效、报废，甚至发生爆炸等危险事故。因此，说明书具有强制指导的作用。

三、说明书的特点与分类

（一）货物说明书的特点

（1）客观性。货物说明书必须客观、准确地反映产品的真实性能和情况，不得含有任何加工夸大和虚假信息。

（2）生动性。货物说明书的表达形式可以丰富多样，一般要以文字叙述辅以生动形象的图形，便于阅读者理解和领会。

（3）条理性。货物说明书的内容必须要具有一定的条理性，一般地，表现在货物或产品的操作使用步骤必须符合程序和逻辑顺序。

（4）指导性。货物说明书包含指导消费者使用和维修产品的知识。

（二）货物说明书的分类

（1）以内容为标准，说明书可以分为解说阐述性说明书和介绍简述性说明书。

（2）以篇幅的长短为标准，说明书可以分为完整性说明书和简约性说明书。

（3）以表达的形式为标准，说明书可以分为文字式说明书、图表式说明书和音像式说明书。

四、说明书的结构

货物说明书一般内容经过精心设计，外观印刷精美，其封面如图 1-1 所示。内容一般由标题、正文、落款三部分组成。

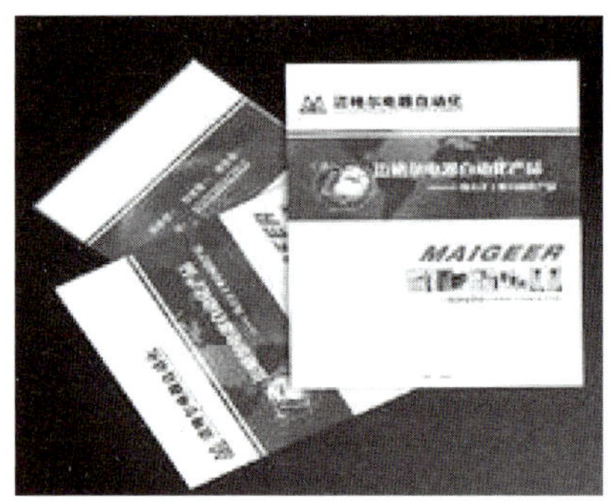

图 1-1　货物说明书封面

（一）标题

货物说明书常见的标题有以下三种：

（1）以文体作标题，例如《货物说明书》、《产品说明书》、《使用说明书》、《使用指南》等。

（2）以货物名称作标题，例如《三九胃泰》、《紫光扫描仪》等。

（3）以货物名称加文体作标题，例如《补血口服液产品说明书》、《液晶电视机使用说明书》等。

（二）正文

正文是货物说明书的核心部分，由于货物不同，需要说明的内容也不同，有的说明货物的用法，有的说明货物的功能，有的说明其构造，有的说明其成分等，千差万别，各有侧重。例如食品说明书重在说明其成份，使用方法及保质期限；药物说明书重在说明其构成成份，基本效用及用量；电器说明书重在说明其使用和保养方法等。

1. 正文的内容

货物说明书一般包括以下几个方面的内容：

（1）产品的概况（如名称、产地、规格、发展史、制作方法等）。

（2）产品的性能、规格、用途。

（3）安装和使用方法。

（4）保养和维修方法。

（5）附件、备件及其他需要说明的内容。

以上的内容，可以根据实际需求取舍详略和变动前后顺序。

2. 正文的写作方法

正文的写作方法多种多样，常用写法如说明文式、条文式、对话式、表格式、故事式、解释式等，比较常见的有概述式、短文式、条款式、图文结合式。

（1）概述式。一般只有一两段文字，简明扼要地对货物作概括介绍。

（2）短文式。对货物的性质、性能、特征、用途和使用方法作简要介绍，多用于介绍性的内容说明，常用货物多采用这种方法。

（3）条款式。这是详细介绍货物的说明书的写法。它分成若干个部分，将有关货物的规格、构造、主要性能和指标参数、保养方法、维修保修方式等逐一分条列项介绍给消费者。常用的家用电器说明书多采用这种方式。

（4）图文综合式。即图文并茂地介绍货物。既有详尽的文字说明，又有照片和图示解说，辅之以电路图、构造图、分子式（医药），等等。这种货物的说明书往往印成小册子作为货物附件。

（三）落款

落款要写明产品的制造厂家的名称、地址、邮编、电子邮箱地址、电话、传真及产品的批号、生产日期、优质级别等。不同的货物说明书，落款的项目有所不同，应根据实际需要落款。

任务三　认识货物包装

技能训练活动

一、准备工作

（1）收集的货物包装若干。

（2）实训用的纸箱若干。

二、技能训练

（1）全班按照10人一组进行分组，每组选出组长。

（2）每组分配一定量的货物包装。

（3）每组成员先观察各自拿到的货物包装，并简要陈述各包装种类、特点。

（4）教师以典型的货物包装为例，指导学生观察货物包装的关键点。

（5）学生再次观察货物包装，并检验包装的关键信息。

三、作业展示及点评

根据技能训练活动要求以及作业展示的内容与质量进行评分，并将得分填入表1-5中。

表1-5　认识货物包装实训评分表

考评小组		被考评小组	
考评地点			
考评内容			
考评标准	内　容	分　值	实际得分
	陈述内容的完整程度	20	
	陈述内容的准确程度	40	
	关键信息的把握程度	40	
合　计		100	

注：考评满分为100分，85分以上为优秀；75～84分为良好；60～74分为及格；60分以下为不及格。

知识链接

一、货物包装的概念

货物包装是指在流通过程中保护商品，方便运输，促进销售，按一定的技术方法而采用的容器、材料及辅助物的总体名称，以及为了上述目的而在采用容器材料和辅助物的过程中施加一定技术方法的操作活动。因此，正确理解货物包装的含义应包括两方面意思：一方面是对盛装货物的容器而言，通常称作包装物，如箱、袋、筐、桶、瓶等；另一方面是指包扎货物的过程，如装箱、打包等。

货物包装具有从属性和商品性两种特性。货物包装首先是其内装物的附属品，其次是附属于内装物的特殊商品，具有价值和使用价值。因而，货物包装是实现内装物价值和使用价值的重要部分。

二、货物包装的作用

1. 保护货物

保护货物是包装的重要作用之一。货物在流通过程中，可能受到各种外界因素的影响，引起货物破损、污染、渗漏或变质，从而使货物降低或失去使用价值。科学合理的包装，能使货物抵抗各种外界因素的破坏，从而保护货物的性能，保证货物质量和数量的完好。

2. 便于流通

包装为货物流通提供了方便的条件。将货物按一定的数量、形状、规格、大小及不同的容器进行包装，而且在货物包装外面通常都印有各种标志，反映被包装物的品名、数量、规格、颜色以及整体包装的体积、毛重、净重、厂名、厂址及储运中的注意事项等，这样既有利于货物的分配调拨、清点计数，也有利于合理运用各种运输工具和仓容，提高运输、装卸、堆码效率和储运效果，加速货物流转，提高货物流通的经济效益。

3. 方便消费

销售包装随货物的不同，形式各种各样，包装大小适宜，便于消费者携带、保存和使用。包装上的绘图、商标和文字说明等，既方便消费者辨认，又介绍了货物的成分、性质、用途、使用和保管方法，起着方便与指导消费的作用。

4. 促进销售

精美的货物包装，可起到美化货物、宣传货物和促进销售的作用。包装既能提高货物的市场竞争力，又能以其新颖独特的艺术魅力吸引顾客、指导消费，成为促进消费者购买的主导因素，是货物的无声推销员。优质包装在提高出口货物竞销力，扩大出口创汇，促进对外贸易的发展等方面均具有重要意义。

5. 提高货物价值，促进使用价值的实现

货物包装与生产成本密切相关。合理的包装可以使零散的货物以一定数量的形式集成一体，从而大大提高装载容量并方便装卸运输，可以节省运输费、仓储费等支出。有的包装还可以多次回收利用，节约包装材料及包装容器的生产，有利于降低成本，提高经济效益。

三、货物包装的四大要素

（1）包装材料。包装材料是包装的物质基础，是包装功能的物质承担者。

（2）包装技术。包装技术是实现包装保护功能、保证内装物的质量的关键。

（3）包装结构造型。包装结构造型是包装材料和包装技术的具体形式。

（4）表面装潢。表面装潢是通过画面和文字美化、宣传和介绍商品的主要手段。

四、货物包装的分类和特点

商品包装种类繁多，常见的商品包装的分类和包装种类如下：

（一）按商业经营习惯分类

（1）内销包装。内销包装是为了适应在国内销售的商品所采用的包装，要符合所在国家和地区的法律法规要求和当地的风俗习惯。

（2）出口包装。出口包装是为了适应商品在国外的销售所采用的包装，除了要符合销售国家和地区的法律法规和消费习惯之外，还要特别针对需要国际长途运输的商品，必须要考虑到防水、防震、防泄漏，便于运输等特殊要求。

（3）特殊包装。特殊包装是为工艺品、美术品、文物、精密贵重仪器、军需品等所采用的包装，一般需要特别订制，包装标准严格，成本较高。

（二）按流通领域中的环节分类

（1）小包装。小包装是直接接触货物，与其同时装配出厂，构成商品组成部分的包装。货物的小包装上多有图案或文字标志，具有保护商品、方便销售、指导消费的作用。

（2）中包装。中包装是货物的内层包装，通称为商品销售包装。多为具有一定形状的容器等。它具有防止商品受外力挤压、撞击而发生损坏或受外界环境影响而发生受潮、发霉、腐蚀等变质变化的作用。

（3）外包装。外包装是货物最外部的包装，又称运输包装。多是由若干个商品集中的包装。外包装上一般都有明显的标记，用以注明货物名称、重量和数量等。外包装具有保护商品在流通中安全，便于运输的作用。

（三）按包装形状和材料分类

以包装材料为分类标志，商品包装可分为纸类、塑料类、玻璃类、金属类、木材类、复合材料类、陶瓷类、纺织品类、其他材料类等。

（四）按防护技术方法分类

以包装防护技术为分类标志，货物包装可分为贴体、透明、托盘、开窗、收缩、提袋、易开、喷雾、蒸煮、真空、充气、防潮、防锈、防霉、防虫、无菌、防震、遮光、礼品、集合包装等。

知识拓展

日常生活中有许多不可不知的货物包装标志。

1．注册商标标志

在商品包装或者说明书的名称或品牌上经常可以看到有一个圆圈中有 R 的标志，它是英文 Register 的缩写，用在商标上是指注册商标的意思。根据《中华人民共和国商标法实施条例》第三十七条规定："使用注册商标，可以在商品、商品包装、说明书或者其他附着物上标明'注册商标'或者注册标记。注册标记包括'注外加○'或'R 外加○'。使用注册标记，应当标注在商标的右上角或者右下角。"如图 1-2 所示。

TM 是英文 Trade Mark 的缩写，一般美国等国家和地区的商标通常加注 TM，但并不一定是指已注册商标。例如，DWG 是 AutoCAD 所用的一种专有文件格式，它组成了 AutoCAD 以及其他基于它的软件产品的核心文件格式。Autodesk 公司在 DWG 字样后面加了一个"TM"标志，这表明 DWG 在美国还不是注册商标，可能只是在商标受理异议期，不一定受法律保护，但 Autodesk 公司无异有优先使用权，如图 1-3 所示。

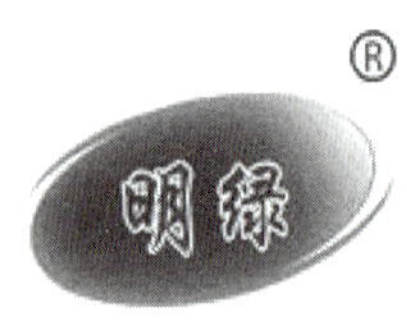

图 1-2　注册商标标志

图 1-3　TM 商标标志

需要注意的是，我国法律规定只有注册成功的商标才可以加注注册商标标志（"注外加○"或"R 外加○"），也就是说，"TM"标志不是我国合法的注册商标标志。

2．非处方药（OTC）标志

非处方药（OTC）是指那些不需要医生处方，消费者可直接在药房或药店中自行购买和服用的药物。非处方药是由处方药转变而来，是经过长期应用、确认有疗效、质量稳定、非医疗专业人员也能安全使用的药物，如图 1-4 所示。

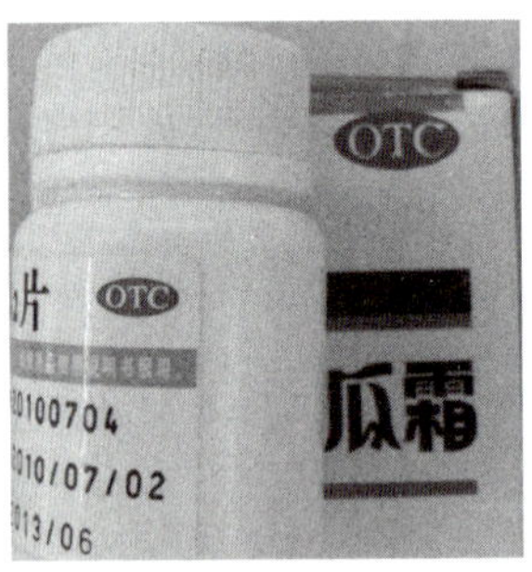

图 1-4　非处方药（OTC）标志

3．指示性标志

指示性标志是为了正确操作、安全装卸、方便存放而印刷在货物包装上的标志。这种标志一般都是以简单、醒目的图形或文字在包装上粘贴、涂抹或装订以表达特定的含义。指示性标志主要有以下几种：

（1）向上标志，表示此物品要按箭头向上的状态搬运或放置，不能倒置或斜放。

（2）轻放标志，表示此物品必须轻装、轻放、防止摔跌。

（3）防湿标志，表示此物品在运输或储存时，要注意防水、防潮。

（4）可叠层数，表示此物品的堆码极限，不能超量堆叠或重压。

其他常用的指示标志如图 1-5 所示。

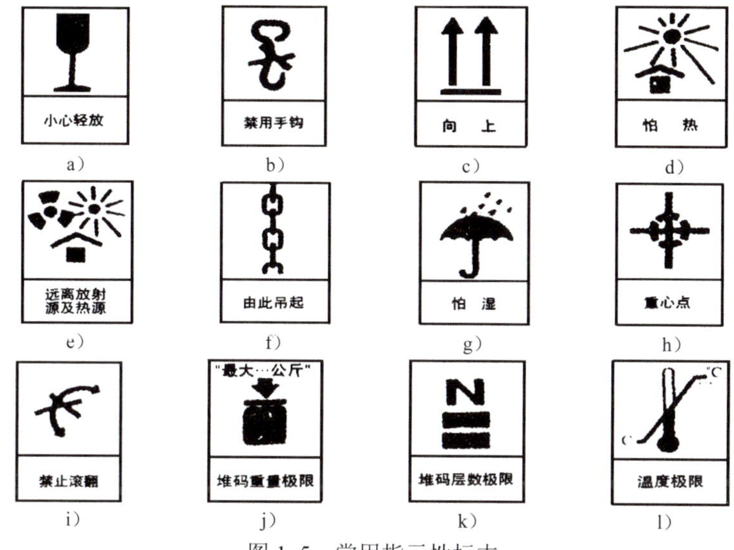

图 1-5　常用指示性标志

a）用于标识碰震易碎、需轻拿轻放的运输包装件　b）用于标识不得使用手钩搬动的运输包装件

c）用于标识不得倾倒倒置的运输包装件　d）用于标识怕热的运输包装件

e）用于标识需远离放射源及热源的运输包装件　f）用于标识吊运运输包装件时放链条或绳索的位置

g）用于标识怕湿的运输包装件　h）用于标识运输包装件重心所在处

i）用于标识不得滚动搬动的运输包装件　j）用于标识允许最大堆码重量的运输包装件

k）用于标识最大堆码层数的运输包装件　l）用于标识需要控制温度的运输包装件

项目二　货物检验

教学目标

（1）能对货物进行必要的抽检以及抽样、数量、重量和质量的检验。

（2）掌握国际贸易的货物检验方法。

案例导入

我国甲公司与印度尼西亚乙公司，分别于2003年4月26日、2003年9月2日和9月20日订立三份售货确认书，由甲公司向乙公司出售T恤衫、背心等纺织品。三份确认书的总金额为91.214 1万美元，约定付款方式为承兑交单（D/A90天）。上述确认书签订后，甲公司按合约全面地履行了供货义务，而乙公司则仅支付了20万美元的货款，其余货款未付。印度尼西亚乙公司辩称甲公司提供的T恤衫存在多处质量问题：①使用多年库存的布料；②T恤衫重量轻于被申请人要求的规定；③T恤衫的长度太短（与规定的尺寸不一致）；④同一批货的T恤衫的颜色不一致。为此，乙公司曾提出，将货物打折或将剩余货物退回甲公司等解决办法，但均未获甲公司的同意。但印度尼西亚乙公司没有提供相应的证明。经交涉多次无结果，甲公司根据售货确认书中的仲裁条款提起仲裁，要求乙公司：①支付剩余货款71.214 1万美元；②支付上述货款的利息4 467.50美元；③本案的仲裁费及甲公司的代理费等由乙公司负担。

仲裁庭经审理后裁定：印度尼西亚乙公司向申请人支付全部货款及利息716 608.50美元，至于律师费，因甲公司未提供相应的证据，故仲裁庭未予以支持；仲裁费则由败诉方乙公司全部负担；对乙公司提出的诸如退货、折价等主张均不予以支持。

点评：本案争议焦点是乙公司提出的货物质量的异议能否成立。甲公司向印度尼西亚乙公司提供的商品，均不属于法定检验的商品。因此，质量争议问题应根据合同中的检验条款及检验标准来处理。

任务一　货物的抽检和抽样

典型工作任务

根据批次货物制订货物抽检和抽样的方案。

工作任务描述

某物流中心 2011 年 5 月 12 日将要接收到一批来自沃尔玛超市的退货，请你为此制订一个详细的货物抽检和抽样方案。

技能训练活动

一、准备工作

（1）准备用于抽样模拟的五个批次货物：例如水性笔 100 支、小包装食品 50 包、大米 50 千克、毛巾 50 条、牙刷 100 支。

（2）准备相应的文件资料。

二、技能训练

（1）全班按照 10 人一组进行分组，每组选出组长。

（2）以组为单位确定批次货物抽检的比例。

（3）以组为单位制作抽检的相应登记表格。

（4）货物抽检方法的确定。

（5）进行货物的抽样训练。

三、作业展示及点评

根据技能训练活动要求以及作业展示的内容与质量进行评分，并将得分填入表 2-1 中。

表 2-1　货物的抽检与抽样实训评分表

<table>
<tr><td>考评小组</td><td></td><td>被考评小组</td><td></td></tr>
<tr><td>考评地点</td><td colspan="3"></td></tr>
<tr><td>考评内容</td><td colspan="3"></td></tr>
<tr><td rowspan="4">考评标准</td><td>内　容</td><td>分　值</td><td>实际得分</td></tr>
<tr><td>抽样比例的设定</td><td>20</td><td></td></tr>
<tr><td>抽检表格的制作</td><td>30</td><td></td></tr>
<tr><td>抽检方法的设计</td><td>50</td><td></td></tr>
<tr><td colspan="2">合　计</td><td>100</td><td></td></tr>
</table>

注：考评满分为 100 分，85 分以上为优秀；75 ～ 84 分为良好；60 ～ 74 分为及格；60 分以下为不及格。

知识链接

一、抽样检验比例

货物检验分为全数检验和抽样检验。确定验收比例，是进行货物抽样检验的前提。选择合适的抽样检验比例，既可以加快货物流动的速度，提高工作效率，又可以降低检验成本。

1. 全数检验

全数检验是指对待检批次货物逐个地进行检查，又称百分之百检验。它可以提供较为全面的货物质量信息，适用于小批量，质量特性少且质量不稳定或较贵重的货物检验。

2. 抽样检验

抽样检验是指按照事先已确定的抽样方案，从待检批次货物中随机抽取少量样品组成样本，再对样本进行测试，并将检测结果与合同技术要求进行比较，最后由样本质量状况统计推断受检批次货物的整体质量合格与否的检验。它检验的货物数量相对较少，能够节约检验费用，有利于及时交货；但提供的货物质量信息少，可能会发生误判，也不适合质量差异程度较大的货物。

若能避免抽样时可能会产生的误差或误判，抽样检验可靠性甚至会优于全数检验。抽样检验适用于批量较大、价值较低、质量特性多且质量较稳定或具有破坏性的检验。抽验比例应首先以合同规定为准；合同没有规定时，确定抽验的比例一般应考虑以下因素。

（1）货物的价值。价值高的货物，抽样比例大；反之则小。有些价值特别高的货物应全数检验。

（2）货物的性质。货物性质不稳定、容易变质和容易混入杂质的，应提高验收比例或进行全数检验；反之则小。

（3）气候条件。在雨季或梅雨季节，怕潮湿的货物抽检比例大；在冬季怕冻货物抽检比例大或全数检验，反之则小。

（4）运输方式和运输工具。对采用容易影响货物质量的运输方式和运输工具运送的货物，抽检比例大；反之则小。

（5）厂商信誉。信誉好的货物抽检比例小；反之则大。

（6）生产技术。生产技术水平高，产品质量较稳定的货物，抽样比例小；反之则大。

（7）储存时间。储存时间长的货物，抽检比例大；反之则小。

例如对一批化肥进行抽检的内容与项目见表 2-2。

表 2-2　肥料抽样单

产品名称				商标		等级	
抽样目的				抽样依据			
生产单位							
生产日期	年　月　日	抽样日期	年　月　日		批号		
标明量		$N+P_2O_5+K_2O$ %；其中 N___%；P_2O_5 _%；K_2O ___%；其他					
原　料	氮：[ ] 尿素；[ ] 硝态氮肥；[ ] 铵态氮肥；[ ] 碳酸氢铵；[ ] 其他						
	磷：过磷酸钙___%；重过磷酸钙___%；钙镁磷肥___%；磷酸铵___%； 硝酸磷肥___%；骨（鱼）粉___%；其他__________						
	钾：（ ）氯化钾；（ ）硫酸钾；其他__________						
厂方自检	[ ] 合格；[ ] 不合格	贮存情况					
抽样基数	吨（袋）	抽样方式		[ ] 袋取；[ ] 堆取；[ ] 采样签			
抽样袋数（点数）		抽样量		千克	每袋净重	千克	
标志纸签封	条，号码：　　；　　其他：						
产品外观及包装	颜色：[ ] 均匀；[ ] 不均匀；[ ] 结晶；[ ] 球状；[ ] 条状；[ ] 粉状 包装：[ ] 单层袋；[ ] 双层袋；[ ] 散装；其他______						
检验依据：			判定依据：[ ] 标准；[ ] 标明量				
受检单位	本次抽样始终在本人陪同下完成，上述记录经核无误，同意按期送（寄）样品。 签字：　　　（公章）		承检单位	名称：农业部肥料质量监督检验测试中心（武汉） 地址：武汉市武昌区南湖壕沟 邮编：430070 电话：027-739×××× 采样人签字：　　　（公章）			
备注							

二、抽样检验的方法

待检货物是否合格需要通过检验结果是否被抽样检验标准接收来判断。抽样检验涉及确定抽样方案、抽样方法，检验判定程序和检验后处理等问题。

1. 抽样检验的分类

（1）按照货物质量特性分类，可以分为计量抽样检验和计数抽样检验。

计量抽样检验是对样本中每一个产品的质量特性进行测量，再将测量结果与预先规定的判断准则进行比较，判定交检批次货物是否合格（或接收）的抽样检验。抽样标准有 GB/T 6378—1986《不合格品率的计量抽样检验程序及图表》、GB/T 8053—1987《不合格品率的计量标准型一次抽样检验程序及表》等。

计数抽样检验是从待检批次货物中抽取一定数量的样品，检验其中每个样品的质量，然后统计合格品数，再与规定的“合格判定数”比较，由此决定该批商品是否合格（或接收）的方法。抽样标准有 GB/T 2828.1—2003《计数抽样检验程序第一部分：按接收质量限（AQL）检索的逐批检验抽样计划》、GB/T 2829—2002《周期检验计数程序及表》等。

（2）按照抽取样本的次数分类，可以分为一次抽样检验、二次抽样检验和多次抽样检验。一次抽样检验是只抽取一次样本进行检验就判别接收或拒收结果的检验方法。二次抽样检验是最多抽取两次样本进行检验就得出接收或拒收结果的检验方法。多次抽样检验是进行三次以上（常见的是五次）样本检验，根据样本积累结果做出接收该批货物或拒收该批货物或抽取下一样本的决定。

（3）按照抽样方案是否调整分类，可以分为调整型抽样检验和非调整型抽样检验。

2. 抽样方法

（1）简单随机抽样。简单随机抽样是指总体中每个个体被抽到的机会是相同的。从批量为 N 的被检批中抽取 n 个单位组成样本，共有 C_N^n 种组合，对于每种组合被抽取的概率都相同的抽样方法进行抽样。被检商品批量较小时，用编号、抽签或查随机数表、计数器，掷随机数骰子等办法。例如要从 100 件产品中抽取 10 件组成样本进行检验，可以把 100 件产品用同样大小的纸签代表从 1 号一直编到 100 号，然后用抽签的办法，任意抽出 10 张，假设得到 68，5，9，11，22，34，48，75，56，90 号，就把这 10 个编号的产品拿出来组成样本检验。简单随机抽样的优点是误差小，缺点是抽样手续比较繁杂。

（2）分层随机抽样。分层随机抽样也叫类型抽样法，是把批量为 N 的被检批分成各为 N_1 个，N_2 个直至 N_i 个商品组成的 i 层，使每层内商品质量尽可能均匀整齐，$N=N_1+N_2+\cdots+N_i$，然后在每层分别按简单随机抽样法取样，然后合在一起组成一个样本。这样抽取的样本代表性好，但是要注意分层的合理性。有些层次是自然形成的，例如甲、乙、丙三个工人在同一台设备上轮班生产同一种零件，产品分别放在三个地方，生产数量相同，现在要抽取 12 个零件组成样本，则采用分层抽样法，应从三个地方各抽取 4 个零件，组成 12 个零件的样本。

（3）系统随机抽样。系统随机抽样又叫等距抽样法或机械抽样法，是按一定的规律从整批货物中抽取样品的方法。例如要从 100 件产品中抽取 10 件组成样本，首先将 100 件产品按 1，2，3，…，100 顺序编号；然后用抽签或查随机数表的方法确定 1 ～ 10 号中的哪一件产品入选样本，假如查随机数表得 5 号，依次确定入选样本的产品编号是 5，15，25，35，45，55，65，75，85，95，这样就得到了 10 件产品组成的样本。由于系统抽样法操作简单，实施起来不易出差错，在生产现场使用率很高。如在某道工序上定时去抽一件产品进行检验，就属系统随机抽样。如果货物总体的某质量特性发生周期性变化，则系统随机抽样容易判断错误。

3. 抽样工具

随机抽取样本需要利用抽样工具来获得随机数字，常用的抽样工具有六面体的骰子、扑克牌、随机数表、正 20 面体的骰子以及电子随机数抽样器等，而国际上公认的随机抽样工具是随机数表。以下简要介绍利用扑克牌和随机数表获得随机数字的方法。

（1）利用扑克牌获得随机数字。一副玩具扑克牌共 54 张，取出大王、小王和所有的 J、Q、K 后剩下 40 张：A、2、3、4、5、6、7、8、9、10，规定 A=1、10=0，可以得到从 0 到 9 的 40 个数。具体用法是洗牌后码好，从中任意抽出一张牌，就得到了 0 到 9 的一位随机数字，彻底洗牌后，再抽出一张，得到第二个随机数，重复数不算，如此反复操作多次就得到了需要的随机数字了。

（2）利用随机数表获得随机数字。随机数表是由 0 ～ 9 十个数字随机组合成每两个数字为一组的数表，一般分为奇数和偶数两个部分，见附录随机数表。

1）决定使用随机数表的哪个部分的方法。因为两个部分是等效的，所以用哪个部分产生随机数都一样。为防止争议，确保公正和随机，由操作人员闭上眼睛用笔向随机数表中点一下，然后观察笔尖点到的数是奇数还是偶数；点到空白处，重新点直至点到为止。

2）决定起点的方法。确定点到的数有效后，即以该数所在位置为起点，从左向右取数。例如操作人员点中随机数表奇数部分第 11 行的 86，即从右往左数第五列的 86，就从此为起点。

3）读随机数的方法可参见附录中“读随机数的方法”。

知识拓展

一、抽样检验的基本术语

（1）批。相同条件下制造出来的一定数量的产品，称为“批”。在工人、机器、物料、工艺流程、检测方法和生产环境基本相同的生产过程中连续生产的一系列批称为连续批；不能定为连续批的批称为孤立批。

（2）单位产品。为实施抽样检验的需要而划分的基本单位称为单位产品。

（3）批量和样本大小。批量是指批中包含的单位产品个数，以 N 表示。样本大小是指随机抽取的样本中单位产品个数，以 n 表示。

（4）样本和样本单位。从待检批次货物中抽取用于检验的单位产品称为样本单位。而样本单位的全体则称为样本。样本大小则是指样本中所包含的样本单位数量。

（5）合格质量水平（AQL）和不合格质量水平（RQL）。在抽样检验中，认为可以接受的连续提交检查批的过程平均上限值，称为合格质量水平。而过程平均是指一系列初次提交检查批的平均质量，它用每百单位产品不合格数表示；具体数值由产需双方协商确定，一般由 AQL 符号表示；在抽样检验中，认为不可接受的批质量下限值，称为不合格质量水平，用 RQL 符号表示。

（6）检查和检查水平（IL）。用测量、试验或其他方法，把单位产品与技术要求对比的过程称为检查。检查有正常检查、加严检查和放宽检查等。

（7）两类风险 α 和 β。因抽样检验的随机性，将本来合格的批误判为拒收，这对生产方是不利的，因此将此事件发生的概率称为第 1 类风险或生产方风险，以 α 表示；而本来不合格的批，也有可能误判为可接受的，这对使用方不利，该概率称为第 2 类风险或使用方风险，以 β 表示。

二、抽样检验方案

抽样方案是指为实施抽样检验而制定的一组策划，包括抽样方法，抽样数量和样本判断准则等。抽样方案有一次、二次和五次抽样方案。

（1）一次抽样方案是指由样本大小 n 和判定数组（A_c、R_e）结合在一起组成的抽样方案。A_c 为合格判定数。判定批合格时，样本中所含不合格品（d）的最大数称为合格判定数，又称接收数（$d \leqslant A_c$）。R_e 为不合格判定数，是判定批不合格时，样本中所含不合格品的最小数，又称拒收数（$d \geqslant R_e$）。

（2）二次抽样方案是指由第一样本大小 n_1，第二样本大小 n_2，…，和判定数组（A_{c_1}；A_{c_2}，R_{e_1}；R_{e_2}）结合在一起组成的抽样方案。

（3）五次抽样方案则是指由第一样本大小 n_1，第二样本大小 n_2，…，第五样本大小 n_5 和判定数组（A_1，A_2，A_3，A_4，A_5，R_1，R_2，R_3，R_4，R_5）结合在一起组成的抽样方案。

任务二　货物的数量和重量检验

典型工作任务

对批次货物进行数量和重量检验。

工作任务描述

2011 年 3 月 12 日，东方仓库需要对以下的到库物资进行数量验收：6m 长定尺交货的钢管 500 根、3 000mm×1 000mm×10mm 的钢板 250 张、化肥 10t、立白洗衣粉 5t、子午线橡胶轮胎 500 条、雕牌洗衣皂 500 箱。

技能训练活动

一、准备工作

准备用于检验的货物五批次。

二、需要的设备

（1）测量设备，如游标卡尺、千分尺。

（2）称量设备，如天平、磅秤和台秤等。

三、技能训练

（1）全班分为五组（游标卡尺组、千分尺组、天平组、磅秤组和台秤组），每组确定一名组长。

（2）学习游标卡尺、千分尺、天平、磅秤和台秤等工具的使用以及进行安全守纪教育。

（3）以组为单位完成对待检批次货物的检验工作。

（4）教师带队进行现场指导。

四、作业展示及点评

根据技能训练活动要求以及作业展示的内容与质量进行评分，并将得分填入表 2-3 中。

表 2-3　货物数量与重量检验实训评分表

考评小组		被考评小组	
考评地点			
考评内容			
考评标准	内　　容	分　　值	实际得分
	计件检验情况	35	
	验斤检验情况	35	
	检尺求积检验	30	
合　　计		100	

注：考评满分为 100 分，85 分以上为优秀；75 ～ 84 分为良好；60 ～ 74 分为及格；60 分以下为不及格。

知识链接

进行货物检验时应依据送货单和有关订货合同，注意对货物的品名、规格、等级、产地、牌号、数量一一进行核对，以保证入库货物准确无误。常用的数量检验方法有计件和计重两种方法。对于计件商品，一般依据科学的验收比率采用抽样检验的方式进行检验。计重商品一般采取过磅称重的方式进行检验。数量检验分为三种形式，即计件检验、检斤检验、检尺求积检验。

（1）计件检验。计件检验是指对于按件数供货或以件数为计量单位的货物，在验收时进行清定件数。一般情况下，计件商品应全部逐一点清；包装内有小件包装，应抽取部分包装进行拆包点检；进口商品按合同约定或惯例办理。

（2）检斤检验。检斤检验是指对按重量供货或以重量为计量单位的货物，在验收时的称量。金属材料、某些化工产品大多是采用检斤验收。

（3）检尺求积检验。检尺求积检验是对以体积为计量单位的货物，如木材、竹材、沙石等，先检尺后求体积所作的数量验收。

货物的数量和重量检验记录表见表 2-4。

表 2-4　货物的数量和重量检验记录表

检验日期	年　　月　　日	检验编号	
品名规格		材　　质	
计件数量		检尺情况	
验斤重量		总重量	

任务三　货物的质量检验

典型工作任务

（1）对批次货物进行必要的入库质量检验。
（2）能正确处理货物验收中出现的异常问题。

工作任务描述

2011年2月17日新学期开学，学校采购的粉笔50箱已到。现由你代表学校进行质量检验。

技能训练活动

一、准备工作

（1）准备不同质量的粉笔若干。
（2）预习粉笔质量检验与验收标准。

二、需要的设备

（1）记录用的纸和笔。
（2）多媒体实训室。

三、技能训练

（1）全班按照 5 ～ 10 人一组进行分组，每组选出组长。
（2）每组分得一定量的粉笔。
（3）每组成员参照检验标准完成货物的感官质量检验。
（4）各种单据填写规范、认真、熟练。
（5）正确使用验收工具，严格按照操作程序进行物资的验收。
（6）正确处理验收中发生的问题。

四、作业展示及点评

根据技能训练活动要求以及作业展示的内容与质量进行评分，并将得分填入表 2-5 中。

表 2-5　物资验收实训评分表

考评小组		被考评小组	
考评地点			
考评内容			
考评标准	内　　容	分　　值	实际得分
	单据填写正确、规范	30	
	准备工作与团队配合的情况	20	
	检验内容全面	20	
	正确处理验收过程中出现的问题	30	
合　　计		100	

注：考评满分为 100 分，85 分以上为优秀；75 ～ 84 分为良好；60 ～ 74 分为及格；60 分以下为不及格。

知识链接

一、货物验收作业的意义

验收是做好仓库管理工作的基础环节，其主要任务是对入库货物的数量、品种、规格和质量进行检查。准确、及时地做好货物验收工作，把好入库货物的数量关、质量关和凭证关，做到货物入库有依据的意义在于：

（1）有利于明确供需双方的数量和质量责任。

（2）有利于明确进料品质状况，避免对生产造成影响。

（3）有利于了解订单的完成情况。

（4）有利于为支付供方货款提供依据。

（5）有利于监督采购计划的执行。

二、入库验收的内容

品质检验，包括内在品质和外观质量的检验。企业在接收货物时，应根据货物的种类与品性制订货物验收入库标准与方案，根据需要进行外观检查、性能测试或品质测定等。

一般地，由于企业管理构架不同，验收的内容也不尽相同，但货物验收入库作业的主要流程大致类似，包括：

（1）核对供方“送货单”内容填写是否正确，填写的货物名称、货物编码、订单编号和数量等内容是否准确无误。

（2）核对“送货单”与本企业采购部门下达的订单数量、品种和规格及交货期限是否相符。

（3）核对货物品种规格与送货单是否一致。

（4）抽查包装箱或容器内的货物数量与所贴标签是否一致。

（5）检验货物品质是否达到要求。

（6）合格货物登记入库并建立货物明细账。

三、感官检验法

感官检验法又称感官分析、感官检查或感官评价，是利用人的感觉器官作为检验工具，对货物的色、香、味、形、手感、音色等感官质量特性作出判断和评价的检验方法。

尽管流通领域中的商品都经过出厂检验且配有合格证，但在储存、运输或进出货过程中，仍需要经常对商品的品质变化做出判断。感官检验法在商品流通领域中使用比较广泛，其范围是商品的外形结构、外观疵点、色泽、硬度、弹性、气味、声音、包装物等。对于某些特殊商品的感官检验，国家还制定了检验标准，比如酒类的品评。

感官检验的优点是不需要复杂精密仪器，简便易行、快速灵活、成本低，可以依赖实践经验进行判断；缺点是准确度低，检验项目受感官能力限制，只能得出初步判断，需要进一步检验。

感官检验法可以分为视觉检验法、嗅觉检验法、味觉检验法、触觉检验法和听觉检验法等。

1．视觉检验法

视觉检验法是用人眼来检验商品的外形、结构、颜色、光泽以及表面状态、疵点等质量特性。凡是直接能够用眼睛分辨的质量指标都适合视觉检验。

视觉检验有时要使用标准样品，例如茶叶、烟叶、棉花、羊毛和生丝等，均制定有标准样品。标准样品是实物标准，是标准的另一种存在形式，与文字标准合在一起构成完整的标准形态。自从1906年美国标准局（现为美国标准及技术研究院，简称NIST）正式制备和颁布了世界上第一批冶金标准样品以来，经过百余年的发展，世界各国均已经建立了一个完整的标准样品管理体系。这个体系包括一套行政管理和技术管理法规体系和相应层次的管理机构。我国标准样品技术委员会还分别批准成立了冶金、有色金属、环保、农药、气体化学品、无损探伤、酒类等七个分技术委员会以及多个专业技术工作组。

视觉检验鉴定者应该具有丰富的关于待检商品外观形态方面的知识，并熟悉标准样品中各等级的条件、特征和界限；视觉鉴定过程中要注意光线强弱的影响。

2．嗅觉检验法

嗅觉检验法是通过人的嗅觉器官检查商品的气味，以评价商品质量，适用于食品、药品、化妆品、洗涤用品、香料等商品的气味检验和评价；也适用于一些通过燃烧气味进行品质成分鉴定的检验实验。

有些特定商品或原料的质量发生变化时，气味也会发生相应的变化；某些具有吸附性的商品，吸收了其他异味而影响商品的品质；某些商品具有其独特的芳香气味，有时质量产生变化或不适当的加工会改变这种独特的香气。此时可以通过嗅觉检验来对商品进行鉴定。嗅觉鉴定者要具备要求的生理条件和丰富的实践经验。嗅觉鉴定场所也要符合鉴定标准要求。

3．味觉检验法

味觉检验法是利用人的味觉器官，检查具有一定滋味要求的商品（如食品、药品等），并做出一定判断的检验方法。

酒类品评主要使用味觉检验法。我国对品酒员、品酒师、高级品酒师进行三级管理。中国酿酒工业协会设有白酒品酒员培训班，学员通过考核合格后，可以获得中国酿酒工业协会颁发的全国统一职业资格证书。味觉检验依靠检验者味觉的敏感度，检验者味觉的敏感度决定了检验结果的准确性。为此国家制定了 GB 12312—1990《感官分析味觉敏感度的测定》标准以评判味觉的敏感度。

4. 触觉检验法

触觉检验法是指利用人的触觉感受器官对被检商品轻轻作用后的反应来评价商品质量。例如利用触摸、按压、拉伸、拍敲等方法施加于商品，得到商品的光滑细致程度、软硬程度、干湿程度、弹力大小的感觉，以此对商品的某些特性进行判断。

5. 听觉检验法

听觉检验法是凭借人的听觉器官来检验商品质量的方法。如检查玻璃、陶瓷、金属制品有无裂纹，评价音响设备、乐器的音质等。

以上五类感官检验方法各有特点，在实际检验时要综合运用。感官检验要运用人的感觉器官，要求操作者具有灵敏的感觉，有良好的生理、心理素质，有丰富的商品知识和实践经验。在实施感官检验时还要注意检验环境的配合。一般要求检验场所空气清新，无异味；光线柔和自然，避免使用强光或有颜色的光线；场地安静，装饰搭配不影响检验效果。

知识拓展

一、化学分析检验

化学检验法是利用化学原理与方法，应用试剂与仪器对商品的化学成分及其含量进行测定，从而判断商品品质是否合格的检验方法。化学鉴定的主要内容是化学分析，包括定量分析与定性分析两种方法。

定量分析用于测定物质中各组分的相对含量，可分为重量分析和滴定分析两类。重量分析是将试样中的被测成分与其他成分分离，根据被测成分的重量计算占试样重量的百分含量，如各类食品的水分含量、灰分含量、纤维素含量等；滴定分析是将已知准确浓度的标准溶液通过滴定管滴加到被测溶液中直到化学计量点，然后根据所加标准溶液的浓度和所消耗的体积计算被测成分含量的方法。各类食品中的蛋白质含量、酸度等都使用滴定分析法。

定性分析是为了鉴定物质的化学成分，根据分析对象不同可分为无机定性分析与有机定性分析两种类型。

二、仪器分析检验法

仪器分析检验法是采用光电仪器，通过测量商品的物理性质或化学性质来确定商品的化学成分的种类、含量和化学结构，以判断商品质量的检验方法。仪器分析检验法包括光学分析法和电学分析法。光学分析是通过被测成分吸收或发射电磁辐射的特性差异来进行成分鉴定的方法，具体有比色法、分光光度法、荧光光度法等。例如利用光量光谱仪可以在 1 ～ 2min 内测出钢中 20 多种合金元素的含量；用气相色谱法测定绝缘油中溶解气体的组分含量，以判断运行中的充油电力设备是否存在潜在的过热、放电等故障，是充油电气设备制造厂家对其设备进行出厂检验的主要手段。变压器油色谱分析系统采用单柱流程系统，一次进样即可完成绝缘油中溶解气体组分（包括氢气、氧气、甲烷、乙烯、乙烷、乙炔、一氧化碳和二氧化碳）含量的全分析；电学分析法是利用被测物质的化学组成与电物理量之间的定量关系来确定其成分与含量，具体有光谱法、电位滴定法、电解分析法等。

使用仪器分析检验投资成本比较高，普及比较困难，但是仪器检验速度快、准确度高，检测量达到一定规模时单位检测成本会降低。例如，近红外品质分析仪（见图 2-1）采用计算机化操作方式，无需任何化学药剂，可迅速（10s）准确测定水分、蛋白质、油脂、面筋、淀粉等多种成分及白度、硬度等多种指标值，适用于谷物、油料作物、饲料、普通食品、乳制品等的成分分析，如小麦、面粉、方便面、玉米、水稻、大豆、花生、油菜籽、葵花籽、饼粕、饲料、奶粉、黄油等。

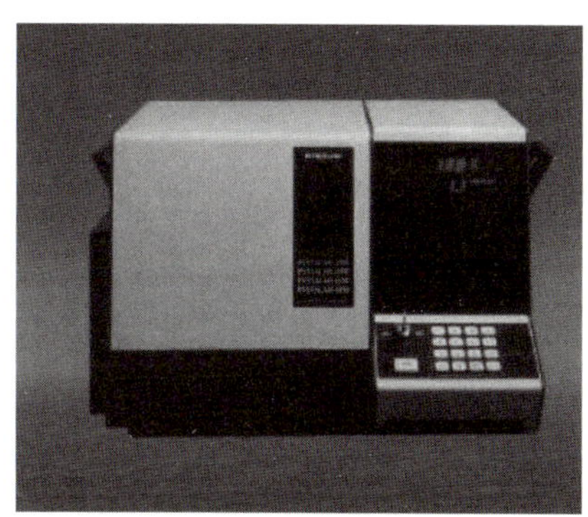

图 2-1　近红外品质分析仪

三、物理检验法

物理检验法是指在一定的实验环境条件下，利用各种仪器、工具，运用物理的方法来测定商品质量指标的方法。一般包括物理检验法、光学检验法、热学检验法、机械检验法、力学检验法、电学检验法等。

1. 一般物理检验法

一般物理检验法即通过各种量具、测量仪、天平及专门仪器来测定商品的长度、细度、面积、体积、厚度、比重、黏度、渗水性、透气性等一般物理特性的方法，例如棉纤维长度和细度的测定。

2. 光学检验法

光学检验法是指通过各种光学仪器来检验商品品质的方法，可以用来检验商品的物理性质，也可以用来检验某些商品的成分和化学性质。常用的光学检验仪器有显微镜、折光仪、旋光仪、比色计等。例如用折光仪测定油脂的折光率，可以判断油脂的新陈；利用旋光仪测定糖液的比旋光度[一]，可以测定溶液中可溶性固形物的含量等。

3. 热学检验法

热学检验法是指利用热学仪器测定商品的热学特性的一种检验方法，可以用来检验商品

[一] 比旋光度是旋光物质重要的物理常数之一，经常用它来表示旋光化合物（大多为有机化合物）的旋光性。通过测定旋光性物质的纯度来测定物质成分的含量。

的熔点、凝固点、沸点、耐热性能等。玻璃、金属、塑料、橡胶等很多商品的热学性质与质量密切相关。

4．机械检验法

机械检验法是利用各种力学仪器测定商品机械性能的一种检验方法。工业品的质量指标，如抗拉强度、抗压强度、断裂伸长率、抗顶强度、硬度、弹性、塑性、脆性等多采用这种检验方法。机械检验法使用的仪器设备有万能材料试验机、冲击试验机、扭力试验机、硬度试验机等。

5．电学实验法

电学实验法是利用电学仪器测定商品电学特性的一种检验方法。检验的项目有电阻、介电系数、电容、电压、电流强度等。电学检验节省材料、检验速度快、结果准确。

四、生物学检验法

生物学检验法是食品类、药类和日常工业品质量检验的常用方法之一，包括微生物学检验法和生理学检验法两种。

微生物学检验法是利用培养法、分离法、显微镜观察法、形态观察法等，对商品中有害微生物存在与否及其数量进行检验，并判断其是否超过允许限度的一种检验方法。微生物学检验法是判断商品卫生质量的重要手段。

生理学检验法是用来检验食品的可消化率、发热量及营养素对机体的作用及食品和其他商品中某些成分毒性等的一种检验方法。检验中有时使用鼠、兔等进行毒理、病理试验，经过动物试验后验证无毒害，经过有关部门批准才能在人体上进行试验。目前科学家正在尝试避免使用动物试验，利用更好的办法对一些有毒化学品进行检测，例如马歇尔航天飞行中心的科学家利用微生物在低重力下对有毒化学品敏感的特性，通过观测其游动速度和方向的改变情况检测化学品、废水和潜在污染源；检测化妆品的生理毒性、过敏反应等，效果显著。

利用实验鼠进行生理学试验如图 2-2 所示。

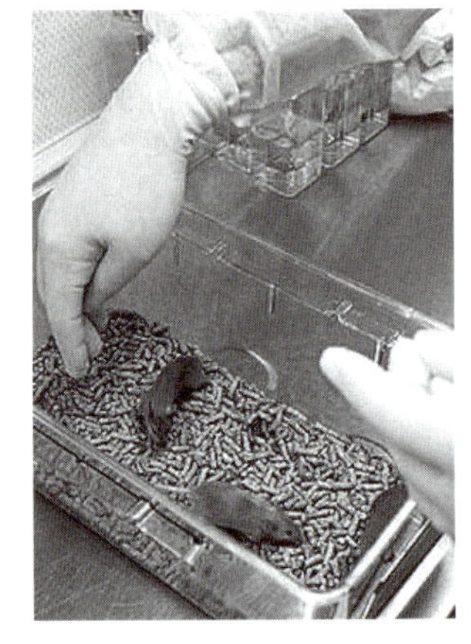

图 2-2　实验鼠生理学试验

任务四　国际贸易中货物的检验

典型工作任务

对批次的进口货物进行检验。

工作任务描述

某贸易公司从意大利进口了一批服装，现委派你对其进行检验，检验结果作为进口依据。

技能训练活动

一、准备工作

（1）准备不同类别进口服装若干。
（2）准备相应检验的各种证书。

二、需要的设备

（1）检验服装用的皮尺 8 个。
（2）检验服装用的比色卡 8 个。

三、技能训练

（1）全班按照 5 ～ 10 人一组进行分组，每组选出组长。
（2）每组分得一定量的服装。
（3）每组成员按照进口货物检验程序进行检验，并出具检验结果报告。

四、作业展示及点评

根据技能训练活动要求以及作业展示的内容与质量进行评分，并将得分填入表 2-6 中。

表 2-6　物资验收实训评分表

考评小组		被考评小组	
考评地点			
考评内容			
考评标准	内　　容	分　　值	实际得分
	检验方案设计	20	
	服装尺寸检验结果	20	
	服装色度检验结果	20	
	纽扣检查结果	20	
	线头检查结果	20	
合　　计		100	

注：考评满分为 100 分，85 分以上为优秀；75 ～ 84 分为良好；60 ～ 74 分为及格；60 分以下为不及格。

知识链接

一、进出口商品检验内容

国际贸易中对商品的品质、数量、包装所进行检验鉴定，以便确定是否合乎合同规定。有时还对装运过程中所发生的残损、短缺或装运技术条件等内容进行检验和鉴定，以明确事故的起因和责任的归属。检验的内容包括出口商品品质检验、出口商品包装检验、进口商品品质检验、进口商品残损检验、出口动物产品检疫、进出口食品卫生检疫、进出口商品重量鉴定、运输工具检验以及其他国家或商品用户要求实施的检验、检疫。检验检疫的法律法规依据主要是“四法三条例”，见表 2-7。

表 2-7　进出口检验检疫主要的法律法规

项　目	法律法规名称	主管或实施部门	生效时间
四法	中华人民共和国 进出口商品检验法	国家质量监督检验检疫总局主管全国进出口商品检验工作	自 1989 年 8 月 1 日起施行
	中华人民共和国 进出境动植物检疫法	国务院农业行政主管部门主管全国进出境动植物检疫工作	自 1992 年 4 月 1 日起施行
	中华人民共和国 国境卫生检疫法	国务院卫生行政部门主管全国国境卫生检疫工作	自 2007 年 12 月 29 日起施行
	中华人民共和国食品安全法	国务院卫生行政部门承担食品安全综合协调职责；国务院质量监督、工商行政管理和国家食品药品监督管理部门分别对食品生产、食品流通、餐饮服务活动实施监督管理	自 2009 年 6 月 1 日起施行
三条例	中华人民共和国 进出口商品检验法实施条例	各地的进出口商品检验机构管理所辖地区的进出口商品检验工作	经 2005 年 8 月 10 日国务院第 101 次常务会议通过，自 2005 年 12 月 1 日起施行
	中华人民共和国 进出境动植物检疫法实施条例	各对外开放的口岸和进出境动植物检疫业务集中的地点设立的口岸动植物检疫机关实施进出境动植物检疫	1996 年 12 月 2 日国务院令第 206 号发布，自 1997 年 1 月 1 日起施行
	中华人民共和国 国境卫生检疫法实施细则	国务院卫生行政部门主管；各地各级卫生检疫机关实施监督管理	1989 年 3 月 6 日卫生部发布实施；2010 年 4 月 24 日修订实施

二、进出口商品检验工作程序

我国进出口商品检验工作，主要有接受报验、抽样、检验和签发证书四个环节。

（1）接受报验。报验是指对外贸易关系人向商检机构报请检验。报验时需填写“报验申请单”，填明申请检验、鉴定工作项目和要求，同时提交买卖合同、成交小样以及其他必要的资料。

（2）抽样。商检机构接受报验之后，及时派员赴货物堆存地点进行现场检验、鉴定。抽样时，要按照规定的方法和一定的比例，在货物的不同部位抽取一定数量、能代表全批货物质量的样品（标本）供检验之用。

（3）检验。商检机构接受报验之后，认真研究申报的检验项目，确定检验内容，仔细审核合同（信用证）对品质、规格、包装的规定，弄清检验的依据，确定检验标准、方法，然后进行抽样检验，仪器分析检验，物理检验，感官检验，微生物检验等程序。

（4）签发证书。在出口方面，凡列入《商检机构实施检验的进出口商品种类表》（以下简称种类表）内的出口商品，经商检验合格后签发放行单（或在“出口货物报关单”上加盖放行章，以代替放行单）。凡合同、信用证规定由商检部门检验出证或国外要求签检证书的，根据规定签发所需封面证书；不向国外提供证书的，只发放行单。种类表以外的出口商品，应由商检机构检验的，经检验合格发给证书或放行单后，方可出运。在进口方面，进口商品经检验后，分别签发“检验情况通知单”或“检验证书”，供对外结算或索赔用。凡由收货或用货单位自行验收的进口商品，如发现问题，供对外索赔用；对于验收合格的，收货或用货单位应在索赔有效期内把验收报告送商检机构销案。

知识拓展

进出口商品报验的规定

【文 件 号】国检务（1989）443 号　　【颁布部门】中华人民共和国国家进出口商品检验局㊀

【实施日期】1989 年 9 月 1 日　　【有 效 性】有效

为了加强进出口商品报验管理工作，根据《中华人民共和国进出口商品检验法》的有关条款，特制定本规定。

第一条　报验单位

一、有进出口经营权的国内企业；

二、进口商品收货人或其代理人；

三、出口商品生产企业；

四、对外贸易关系人；

五、中外合资、中外合作和外商独资企业；

六、国外企业、商社常驻中国代表机构等。

第二条　报验范围

一、《种类表》内的进出口商品；

二、出口食品卫生检验和检疫，以及出口动物产品的检疫；

三、出口危险品包装容器的性能鉴定和使用鉴定；

四、装运出口易腐烂变质食品的船舱、集装箱等；

五、其他法律或者行政法规规定必须经商检机构检验的进出口商品；

六、我国与进口国主管部门协定必须凭我国商检机构证书方准进口的商品；

七、对外贸易合同、信用证规定由商检机构检验出证的商品；

八、对外贸易关系人申请的鉴定业务；

九、委托检验业务。

有下列情况之一者，商检机构一般不予受理报验：

一、应施检验的出口商品，未经检验已装运出口的；

二、按分工规定，不属商检工作范围的。

第三条　报验时必须提供的单证

一、进口商品报验时，报验人应提供外贸合同、国外发票、提单、装箱单和进口货物到货通知单等有关单证；申请进口商品品质检验的还应提供国外品质证书，使用说明及有关标准和技术资料，凭样成交的，须加附成交样品；申请残损鉴定的还应提供理货残损单、铁路商务记录、空运事故记录或海事报告等证明货损情况的有关单证；申请重（数）量鉴定的还应提供重量明细单，理货清单等；进口商品经收、用货部门验收或其他单位检验的，应加附有关验收记录、重量明细单或检验结果报告单等。

二、出口商品报验时，报验人应提供外贸合同（确认书），信用证以及有关单证函电等。

㊀ 现为中华人民共和国国家质量监督检验检疫总局。

凭样成交的应提供买卖双方确认的样品。申请预验的商品，应提供必要的检验依据；经本地区预验的商品需在本地区换证出口时，应加附由该局签发的预验结果单；经其他商检机构检验的商品，必须加附发运地商检机构签发的“出口商品检验换证凭单”正本。凡必须向商检机构办理卫生注册及出口质量许可证的商品，必须交附商检机构签发的卫生注册证书、厂检合格单或出口质量许可证。冷冻、水产、畜产品和罐头食品等须办理卫生证时，必须交附商检机构签发的卫生注册证书及厂检合格单。

三、申请鉴定业务的报验

对外贸易关系人申请的鉴定业务，根据鉴定工作需要应附交有关合同、国外发票、提单（运单）、商务记录、重量明细单、拟装货物清单、舱单、配载图、船方函电或书面说明、海事报告或其他有关证明。

四、申请危险品包装检验的报验

（一）申请危险品包装性能鉴定时，申请人须提供有关产品标准和工艺规程等有关资料；

（二）申请危险品包装使用鉴定时，申请人须提供包装性能鉴定报告及有关单证。

五、申请委托检验的报验

（一）申请人应提交检验样品、列明检验要求，必要时提供有关检验标准或检验方法；

（二）国外委托人委托检验和鉴定业务时，应提供有关函电或资料。

第四条 报验时限和地点

必须经商检机构检验的进口商品到货后，由收货单位或代理接运单位凭《进口货物到货通知单》或其他有关单证向到货口岸或到达站商检机构办理进口商品登记；《商检机构实施检验的进出口商品种类表》（以下简称《种类表》）内的进口商品以及须商检机构检验出证对外索赔的《种类表》外的进口商品，收用货部门或代理人均应在索赔有效期前不少于三分之一的时间内向货物目的地商检机构报验，如索赔期已近，来不及完成检验出证者，报验人须预先向国外办理延长索赔手续；进口商品的残损检验应在口岸报验；大宗散装进口商品鉴重一般应在口岸报验；一批到货分拨数地的进口商品，收货部门或代理人应报请口岸商检机构检验出证，因故不能在口岸进行整批检验的，应申请办理异地检验手续。

出口商品最迟应于报关或装运出口前十天报验，对个别检验周期较长的商品，应留有相应扦样、检验等方面的时间。

第五条 报验要求

一、报验人必须按规定认真填写要求报验的检验申请单，每份申请单只限填报一批商品，做到书写工整，字迹清楚，不得随意涂改，项目填写齐全，译文准确，中英文内容一致，加盖报验单位公章；

二、报验人对所需检验证书的内容如有特殊要求的应预先在检验申请单上申明；

三、申请报验时应按规定缴纳检验费；

四、报验人应预先约定抽样检验、鉴定的时间并提供进行抽样和检验鉴定等必要的工作条件；

五、已报验的出口商品，如国外开来信用证修改函时，凡涉及与商检有关的条款，报验单位须及时将修改函送商检机构，办理更改手续；

六、报验人如因特殊原因需撤销报验时，经书面申明原因后，可办理撤销；

七、报验人领取证书时应如实签署姓名和领证时间。对证书应妥善保管，不得丢失。各类证书应各按其特定的范围使用，不得混用。

第六条 证单的更改

一、商检机构签发的各种证单，报验人有正当理由需要更改或者增减内容时，必须向原签证的商检机构申请，并随附原签发的全部证单，经审核同意后，由原商检机构予以更改或者换发有关证单；

二、内地商检机构签发的证书，如发现问题，属于检验项目内容的更正和补充，应由报验人与原签证商检机构联系处理；

三、报验人须严格遵守商检法和有关行政法规的规定，对商检证单不得擅自涂改、伪造、变造和非法转让。

第七条 出运限期

经商检机构检验合格发给检验证书或者放行单的出口商品，一般应在证单签发之日起两个月内装运出口，鲜活类出口商品应当在两周内装运出口。超过上述期限的应向商检机构重新报验，并交回原签发的所有检验证书和放行单。

第八条 本规定由国家商检局负责解释。

第九条 本规定自公布之日起实施。

项目三　货物的分类与分级

教学目标

使学生能对批次货物进行必要的分类操作。

案例导入

超市商品分类

大型超市经营的商品种类可以达到上万种，如何对这些商品进行管理，满足顾客购买的需要，又能提高企业管理效率，这就需要超市对其经营的商品进行细致的分类编组。

第一大类：冷冻食品类。具体包括冷冻肉类、冷冻水产品、速冻方便食品、冷饮等。

第二大类：饮料食品类。具体包括碳酸饮料、果汁、茶饮料、饮用水、奶制品饮料、咖啡类、冲调饮料等。

第三大类：糖果糕点类。具体包括糖果、巧克力、果冻、各式饼干、膨化食品、薯片、锅巴、糕点、面包、奶油等。

第四大类：干货类。具体包括瓜子、干果、山楂、陈皮、梅、葡萄干、水果干、蜜饯等。

第五大类：调味品类。具体包括盐、糖、酱油、火锅调料底料、味精、鸡精、醋、蘸料、淀粉、汤羹料、色拉酱、花生酱、辣酱、麻油、辣油、蚝豉油、芥末油等。

第六大类：烟酒茶类。具体包括白酒、黄酒、啤酒、米酒、葡萄酒、洋酒、果酒等，香烟，茶叶等。

第七大类：软包装食品。具体包括肉干类、鱼干类、海苔类、肉松、火腿肠、豆腐干、鸭肫等。

第八大类：酱菜罐头类。具体包括酱菜类、果酱、八宝粥、腐乳、罐头、糟醉食品等。

第九大类：日化用品类。具体包括洗衣、洗洁、消毒、家居护理、空气清香剂、防霉防蛀用品、灭虫等，洗发护发、定型，染发焗油、沐浴露、香皂、洗手液、面部清洁、护肤防晒、卫生护理、唇膏、彩妆、宠物洗涤用品等。

点评：零售企业商品的合理分类，提高了企业管理效率，方便顾客购买。

任务一　货物的分类操作

典型工作任务

能对批次货物进行必要的分类操作。

工作任务描述

某仓储中心接收一个批次的货物，仓库管理员根据货物的分类要求进行分类。

技能训练活动

一、准备工作

（1）准备 5 个批次的模拟货物。

（2）准备相应分类的文件和资料。

二、技能训练

（1）学生每 6 人为一个小组，每小组指定一名学生为组长。

（2）教师示范一个批次货物分类的方法和技巧。

（3）小组商议批次货物分类的方法。

（4）对该批次货物进行分类。

三、作业展示及点评

根据技能训练活动要求及作业展示的内容与质量进行评分，并将得分填入表 3-1 中。

表 3-1　货物的分类操作实训评分表

考评小组		被考评小组	
考评地点			
考评内容			
考评标准	内　容	分　值	实际得分
	分类方法选择	20	
	分类技巧运用	40	
	分类操作结果	40	
合　计		100	

注：考评满分为 100 分，85 分以上为优秀；75 ～ 84 分为良好；60 ～ 74 分为及格；60 分以下为不及格。

知识链接

一、货物分类的实例

货物分类就是根据一定的目的，为满足某种需要，选择适当的分类标志或特征，将货物集合体科学地、系统地逐次划分为不同的门类、大类、中类、小类、品类或类目、品种以及规格、品级、花色等细目的过程。

货物可以分为消费资料与生产资料两大门类。货物的大类一般根据货物生产和流通的行业来划分，既要同生产行业对口，又要与流通组织相适应，例如食品、纺织品、百货、五金、文化用品等大类。货物中类、小类一般是按行业规模或“专业”来划分。货物品类或品目是指具有若干共同性质和特征的货物总称，它们各自包括若干货物，如针棉织品、五金电料、塑料制品、橡胶制品等。货物品种是按货物的性能、成分等方面特征来划分，是指具体货物的名称，如电视机、洗衣机、电冰箱等。货物细目是对货物品种的详尽区分，包括货物的规格、花色、质量等级，它更能具体地反映出货物的特征。

消费类货物分类的类目层次及其应用实例见表 3-2。

表 3-2　消费类货物分类的类目及其应用实例

货物类目名称	应用实例	
货物门类	消费资料	消费资料
货物大类	食品	日用工业品
货物中类	食粮	家用化学品
货物小类	乳及乳制品	肥皂、洗涤剂
货物品类或品目	奶	肥皂
货物种类	牛奶	浴皂、洗衣皂
货物亚种	饮用牛奶	香皂
货物品种	全脂饮用牛奶	牛奶香皂

由于国情和科学技术发展水平的不同，各国货物分类的层次并不统一。同时，由于各部门、各系统对货物进行分类的目的不同，货物类目的划分也不相同。《全国主要产品分类与代码》（GB/T 7635—2002）的货物分类国家标准是适合我国使用的一个分类体系，该货物分类体系是国民经济核算和国家经济信息系统的重要基础，我国的各部门、地区在进行计划、统计、会计、业务等工作时必须按 GB/T 7635—2002 标准的具体规定执行。

二、货物分类的原则

货物分类的原则是建立科学货物分类体系的重要依据。为了使货物分类满足特定的目的和需要，在货物分类时必须遵守以下原则：

1. 明确拟分类的货物集合体所包括的范围

由于科技的进步和生产技术水平的提高，新产品随着社会的发展，在不同国家、不同历史阶段不断涌现，因此，货物集合体所包括的范围并不完全相同，各行业、各部门所管理的货物范围也不相同，因此货物分类的对象也不尽相同。例如，在我国现阶段的市场经济中，生产资料是货物，技术、信息、艺术品等也是货物，货物包括的范围扩大了，因此，货物分类时，必须要明确分类货物集合体所包括的范围，这样货物分类才有实际意义。

2. 提出货物分类的明确目的

由于各行业、各部门和各企业进行货物分类的目的和要求不同，货物分类所形成的体系也是多种多样的，不同的货物分类体系有各自特定的分类目的。比如按照国家标准的货物分类、国际贸易的货物分类、海关税则和统计的货物分类、危险程度的货物分类、货物的教学分类等，分类是为了生产、国内外贸易、统计、科研、教学等不同方面的不同目的。为了科学地进行货物分类，使分类的结果具有实用性，对货物进行分类时必须提出明确的分类目的。

3. 选择适当的分类标志

对货物进行分类时，选择分类标志至关重要，只有分类标志能够满足分类的目的和要求才能保证分类清楚，使分类结果具有科学性和系统性。每一种货物都有一定的成分、结构，由一定的原材料、工艺生产路线制成，它的物理、化学、机械等性能都不相同，因此用途、化学成分、原材料、生产制造方法等都可以作为货物分类的标志。为了保证分类的唯一性、稳定性，就必须选择最稳定的、属于货物的本质特征作为货物的分类标志。

三、货物科学分类的意义本身

货物分类是货物学研究的基础，也是国民经济管理现代化的先决条件。货物的品种繁多，特征各异，价值不等，其性能、用途不同，只有将货物进行科学的分类，货物的科研，产品生产过程中的原材料选购，工艺路线的确定，生产设备的选择，产品的质量控制，运输，仓储养护和贸易中的计划、统计、结算等工作才能顺利进行。

1. 货物的科学分类为国民经济的现代化管理奠定基础

现代化管理离不开计算机。计算机在货物经营管理中的应用依靠的是货物代码，货物代码是在货物分类基础上通过编码形成的，离开货物分类货物代码就无从谈起。计算机的应用为货物的科学分类、编码提出了更高的要求。例如超级市场对货物进行自动计价和盘结，就是依靠科学的货物分类、编码以及货物分类编码管理系统来实现的。因此，货物的科学分类为实现经济管理现代化奠定了基础。

2. 货物的科学分类有利于国际信息资源共享和对外贸易的发展

我国采用了《商品名称及编码协调制度的国际公约》，简称为协调制度（Harmonized System，缩写为 HS），能科学地分析研究国际商情，掌握国际市场货物结构和贸易信息交换。目前，在一些发达国家的贸易往来中，利用计算机和货物信息系统查询货物的性能、原产地、厂商、价格、货源量、存放地点、贸易资料等货物信息，以实现货物信息流和物流管理的现代化。

3. 货物的科学分类有利于标准化实施，也是制定货物标准的依据

通过对货物的科学分类，可以使货物的规格、型号、等级、计量单位、包装、标签等特征实现统一化、标准化，从而可避免同一货物在生产和流通领域的不同部门由于货物的名称不统一而造成管理上的困难。制定各种货物标准时，必须在对货物科学分类的基础上明确货物的分类方法、货物的质量指标和具体要求等。

4. 货物的科学分类有利于开展货物研究和教学工作

由于货物种类繁多，特征和性能各异，对包装、运输、储存的要求也各不相同。只有通过对货物的科学分类，将研究对象从个别货物特征归纳总结为某类货物的类别特征，才能深入分析和了解货物的性质与用途，全面分析和评价货物质量以及研究货物质量变化规律，有助于货物质量的提高，有利于货物检验、包装、运输、保管和科学的养护，从而加强流通领域的货物质量的保证和防止货物损坏、损耗。通过对货物的科学分类，还有利于对货物品种和品种结构进行研究，从而为货物品种发展和新品种开发提出科学的依据。

在货物学教学中，对货物进行科学分类，可以使货物学的知识系统化、专业化，便于理解和掌握，有利于开展货物的质量分析和评价、货物检验、货物包装与储运养护等专题教学和研究。

5. 货物的科学分类便于消费者选购货物

在销售环节中，通过对货物的科学分类和编制货物目录，能有序地安排好市场供给，合理地安排货架分区和货物摆放，正确地引导消费者识别和挑选，从而方便消费者对货物的选购。

知识拓展

由于选择的分类标志不同，货物集合体最终会形成不同的货物分类体系。货物分类体系不同，其用途也不相同。为了满足货物分类的目的与要求，必须建立起适用的科学的货物分类体系。

一、货物分类体系的概念

在货物分类工作中，一般是先选定一个主要标志，将货物分成大类，然后依据不同情况，选择合适的标志将货物依次划分为中类、小类、细类等，这样形成的互相联系互相制约的整体，就是货物分类体系。为达到货物分类的目的，必须建立起科学的货物分类体系，体现货物集合体分类的具体情况，以便于编制货物目录和货物代码。

二、货物的分类体系与方法

1. 线分类法及线分类体系

线分类法也称层级分类法，是指将分类对象按所选定的若干分类标志，逐层地分成相应的若干个层级类目，并排列成一个有层次、逐级展开的分类体系。线分类法的一般表现形式是大类、中类、小类和细目，将分类对象一层一层地进行具体划分，各层级所选用的分类标志可以相同，也可以不同。在这种分类体系中，同位类的类目之间存在着并列关系，上位类与下位类之间存在着隶属关系。线分类法所建立起来的体系即为线分类体系。

2. 产品的分类原则与方法

GB/T 7635—2002《全国主要产品分类与代码》由相对独立的两个部分组成：“第 1 部分：可运输产品”和“第 2 部分：不可运输产品”。由表 1-3 可知，“第 1 部分：可运输产品”的主要部类都是有形的可运输货物；“第 2 部分：不可运输产品”的主要部类都是无形的服务。本书中仅讨论基于“第 1 部分：可运输产品”的货物分类体系及原则。

“第 1 部分：可运输产品”采用线分类法，按照产品的产业源及产品的性质、加工工艺、用途等基本属性分为五类，详见表 1-3。

3. 可运输产品的代码结构与编码方法

（1）代码结构。可运输产品采用层级码，代码分为六个层次，各层次分别为大部类、部类、大类、中类、小类、细类。代码结构如图 3-1 所示。

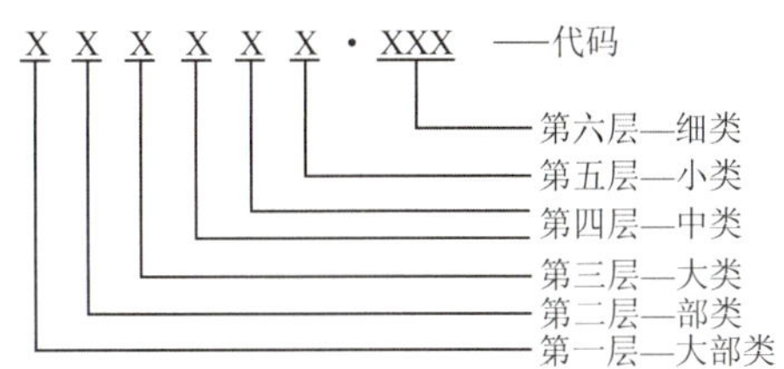

图 3-1 可运输产品代码结构

（2）编码方法。代码用 8 位阿拉伯数字表示。第一至五层各用 1 个数字表示，第一层代码为 0 ～ 4，第二、五层代码为 1 ～ 9，第三、四层代码为 0 ～ 9，第六层用 3 位数字表示，代码为 010 ～ 999，采用了顺序码和系列顺序码；第五层与第六层代码之间用圆点（•）隔开，信息处理时应省略圆点符号。

在此编码规则下，五大部类中共列入 50 000 多个类目。

三、可运输产品分类的意义

GB/T 7635.1—2002《全国主要产品分类与代码 第 1 部分：可运输产品》是一项大型的基础性标准。本部分的修订和颁布对提高产品数据统计的准确性和国际可比性，建立产品数据库实现网络信息资源共享，加强国有资产的现代化管理和监督以及物资仓储和流通领域的信息化，推动行业科学技术发展和企业技术进步及加强产品质量管理，实现电子商务和调整落实国家产业结构和产业政策等都具有重要的意义。

四、货物分类的主要标志

1. 选择货物分类标志的基本原则

分类标志是编制货物分类体系和货物目录的重要依据和基准。对货物进行分类，可供选择的标志很多，在选择分类标志时，应遵循如下基本原则：

（1）目的性。分类标志的选择必须保证在此基础上建立的分类体系能够满足分类的目的和要求。

（2）区分性。分类标志本身要含义明确，必须能从本质上把不同类别的货物明显地区分开来，保证分类清楚。

（3）包含性。分类标志的选择必须保证在此基础上建立的分类体系能够包容拟分类的全部货物，并为不断纳入新货物留有余地。

（4）唯一性。分类标志的选择必须保证每个货物只能在体系内的一个类别中出现，不得在不同类别中反复出现；体系内的同一层级范围只能采用同一种分类标志，不得同时采用几种分类标志。

（5）层次性和关联性。通过选择分类标志，必须使货物分类建立在并列、从属关系的基础上，高一级的类别与可从属的类别间要存在着有机的联系，下一级分类标志要是上一级分类标志的合乎逻辑的继续和具体化。

（6）简便性。分类标志的选择，必须保证建立起的货物分类体系在实际运用中便于操作，易于使用，有利于采用数字编码和运用电子计算机进行处理。

2. 货物分类标志的划分

货物分类标志按其适用性可分为普遍适用和局部适用两类。

（1）普遍适用的分类标志是指所有货物种类共存的特征、性质、关系或功能等。例如，所有的货物都有一定的物理形态；都可以按一定的大小比例（尺寸或体积）来划分；都有地理上的原产地，都要经过一定程度的运输，许多货物还要进行储存；都可按其物质结构和加工程度来区分；在自然界和经济领域循环过程中都占有一定的地位；都由一定的原材料和按一定的工艺方法制成；都可按一定的方法和规定提供给有关的经济部门；都有一种特定的用途和使用方法等。所有这些特征对各种货物来说都是适用的分类标志，也可以把他们称为货物的基本特征或基本分类标志。这些普遍适用的分类标志主要作为货物高层次类目的分类标志，作为划分货物大类、中类、小类、品类的经常采用的分类标志。

（2）局部适用的分类标志是指部分货物共有的特征，故也称为特殊分类标志。例如化学组成、包装形式、动植物的部位、加工特点、保藏方法、播种和收获季节、特殊的物理和化学性质、颜色、外形、功率和效率等。这些分类标志，概念清楚、特征具体，容易区分，常用于某些货物种类、具体货物品种，以及规格、花色、质量等级、型号等细目的划分。

3. 常用货物分类标志

货物分类标志，实质是货物本身固有的种种属性。目前还未发现一种贯穿货物分类体系始终，对所有货物类目直到品种和细目都适用的分类标志。因此，在一个分类体系中，常采用几种分类标志，往往在每一个层次用一个适宜的分类标志。例如在“HS 编码”分类中是把国际贸易的货物按生产部门划分成 21 类。而在各类内，基本上按同一起始原料或同一类型产品划分为 97 章。而在每章内，按照原料到成品的加工程度排列成各种货物，并按顺序编号。在这里就用了几种不同的分类标志。

货物分类实践中，常见的分类标志有如下几种：

（1）以货物的用途作为分类标志。货物的用途与广大消费者的需要密切相关，是体现货物使用价值的重要标志，也是研究货物质量和货物品种的重要依据。以货物用途作为分类标志，不仅适合于对货物大类的划分，也适合于对货物类别、品种的进一步详细划分。按货物的用途分类，在实际工作中应用最广泛。按货物用途分类可将货物分为生活资料货物和生产资料货物；在生活资料货物中，按吃、穿、用等用途的不同分为食品、衣着用品、日用品、文化用品、家用电器等类别；日用品货物按不同用途又可分为器皿类、玩具类、洗涤用品类、化妆品类等；化妆品货物中按用途还可分为护肤用化妆品、美容化妆品、发用化妆品等；发用化妆品按用途可再细划分为洗发剂、护发剂、染发剂、美发剂、生发剂、卷发剂等品目；洗发剂可进一步划分成干性头发洗发香波、油性头发洗发香波、洗发护发二合一香波等具体品种。

以货物用途作为货物分类标志，既便于对同一用途货物的质量进行分析和比较，有利于生产企业改进和提高质量，开发新的货物品种，又便于货物经营者对货物的经营管理和消费者对货物的选购。现在，许多货物的类目名称，如食品、医药品、服装、饲料、交通工具等之所以成为专有名词，就是货物按用途分类的结果。但是，这种分类标志，不适用于多种用途货物类别的划分。

（2）以货物的原材料作为分类标志。货物的原材料是决定货物质量和货物品种的重要因素。由于生产所用的原材料不同，货物往往具有截然不同的性能特征。例如，纺织品按原材料来源不同划分为棉织品、毛织品、麻织品、丝织品、化纤织品、矿物性纤维织品、金属性原料织品等，其中丝织品又按原料的不同进一步分为真丝织物、人造丝织物、合纤丝织物和交织物。

以原材料作为货物的分类标志，不仅分类清楚，而且能从本质上反映出每类货物的性能、特点、使用及保管要求，特别是对那些原材料来源较多、对质量和性能有较大影响的货物比较适用。但对那些由多种原材料制成的货物，由于其加工程度不同，其货物特征与原材料关系不大，就不适合采用此种分类标志进行分类。例如，电视机、照相机、洗衣机、汽车等工业品就不适合以原材料作为分类标志。

（3）以货物的化学成分作为分类标志。许多货物的性能、质量多取决于它们的化学成分。在很多情况下，货物的主要化学成分是决定其性能、用途、质量或储运条件，乃至货物品种、等级的重要因素。对这类货物进行分类时，应以主要化学成分作为分类标志。例如，化学肥料按照主要化学成分可划分为氮肥、磷肥、钾肥。

有些货物的主要化学成分虽然相同，但是所含有的少量特殊成分不同，就形成了质量、性能和用途完全不同的货物。对这些货物进行分类时，就可以以特殊成分作为分类标志。例如，玻璃的主要成分是二氧化硅，但根据其中一些特殊成分的不同可进一步分为钢化玻璃（含有氧化钠）、钾玻璃（含有氧化钾）、铅玻璃（含有氧化铅）等。某些货物由于其中所含的某种杂质或某几种杂质可以对货物品质产生极为不利的影响，使得采用杂质作为标志也成为一种货物分类方法，用以明显区分各类货物之间在品质方面的差异。例如，硫对原油品质具有极为不利的影响，是原油中的有害物质。它能使汽油的感铅性下降，降低抗爆剂的抗爆效率；也能增加裂化汽油的生胶倾向，使汽缸积炭增加，加剧发动机的腐蚀；燃料油燃烧时，生成的硫化物气体还能污染大气。因此，硫含量的高低是原油品质优劣的重要标志。

按货物的化学成分分类，便于研究某类货物的特征及其储存和使用方法等。这种分类方法适用于化学成分对货物性能影响较大的货物。但对那些化学成分复杂且对货物影响不大的货物，不适宜采用这种分类标志。

（4）以货物的制造方法作为分类标志。某些货物采用的原材料相同，由于生产方法和加工工艺不同，所形成的货物质量、特性和品种就会有明显的差别。茶叶按制造方法分有红茶、绿茶、花茶、乌龙茶、紧压茶、白茶、黄茶、速溶茶。

采用制造方法为标志进行分类，能直接说明货物质量和货物品种的特征。特别适用于那些可以选用多种生产方法制造的货物。但对于那些虽然生产方法不同，而其质量特征并未产生实质性区别的货物，如，同是热塑性塑料制品，无论采用吹塑、注射、挤出等方法成型，其制品的性能并未有实质性差别，在分类时不宜采用这种分类标志。

（5）以货物的外观形态作为分类标志。货物的外观形态包括形状、色泽和表面组织结构，许多货物的外形与其品质有密切关系，某些货物的外形是决定其用途的重要因素。例如，钢材根据形状可以分成型钢、板钢、管钢等。型钢按形状又分为圆钢、方钢、扁钢、工字钢、槽钢、角钢、半圆钢、六角钢等。

纺织品根据外观形态可分为平纹组织、斜纹组织和缎纹组织。窗用平板玻璃可分为普通窗用平板玻璃、磨砂玻璃、压花玻璃、夹丝玻璃、钢化玻璃。除普通窗用平板玻璃外，其他平板玻璃具有特殊的性能。

（6）以货物的生产季节作为分类标志。农产品和畜产品由于生产季节不同，品质也有所区别，所以可以按照生产季节的不同进行分类。例如，羊毛按生产季节的不同分为春毛、秋毛和伏毛。

（7）以货物的产地作为分类标志。某些货物由于生产地区的自然气候条件、原料质量、培育方式的不同，而使同类产品往往具有不同的品质特征。因此，产地也就成为一些货物的分类标志。例如，功夫红茶习惯上以产地命名，如祁红、滇红、闽红、宜红、川红、宁红、湖红等。

任务二　货物的分级操作

典型工作任务

能对批次货物进行必要的分级操作。

工作任务描述

某仓储中心接收一个批次的货物，仓库管理员根据货物的分级要求进行分级，确定该批次货物的分级方案，并进行货物的分级操作。

技能训练活动

一、准备工作

（1）准备五个批次的模拟货物。

（2）准备相应分级的文件和资料。

二、技能训练

（1）学生每 6 人为一个小组，每小组指定一名学生为组长。

（2）教师示范一个批次货物分级的方法和技巧。

（3）小组讨论并确定批次货物的分级方法。

（4）根据货物分级方案对模拟批次货物进行分级操作。

三、作业展示及点评

根据技能训练活动要求以及作业展示的内容与质量进行评分，并将得分填入表 3-3 中。

表 3-3　货物分级操作实训评分表

考评小组		被考评小组	
考评地点			
考评内容			
考评标准	内　　容	分　　值	实际得分
	分级资料准备程度	20	
	方案制作的完成情况	40	
	分级操作实施的程度	40	
合　　计		100	

注：考评满分为 100 分，85 分以上为优秀；75 ～ 84 分为良好；60 ～ 74 分为及格；60 分以下为不及格。

知识链接

一、商品品级的概念

商品品级，也称商品质量等级或商品质量分级，是指对同一品种的商品，按其达到商品质量标准的程度所确定的等级。它是表示商品质量高低优劣的标志，也是表示商品在某种条件下适合其用途大小的标志，是商品鉴定的重要内容之一。商品品级是相对的、有条件的，有时会因不同时期、不同地区、不同使用条件及不同个性而产生不同的质量等级和市场需求。一般来说，工业品分三个等级，而食品特别是农副产品、土特产等多为四个等级，最多达到六七个等级如茶叶、棉花、卷烟等。

利用自动化机械进行红枣分级筛选，如图 3-2 所示。

图 3-2　红枣的自动筛选与分级

二、商品品级确定的过程

商品品级确定的过程也叫商品分级，是根据商品的质量标准和实际质量检验结果，将同种商品划分为若干等级的工作，是商品检验的重要内容之一。

（1）商品品级通常用等级顺序来表示，例如一等（级）、二等（级）、三等（级）、或甲等（级）、乙等（级）、丙等（级）；也有用合格品、残次品或正品、副品来表示的。

（2）商品等级划分的数目因商品不同而异，少的划分二、三个等级（如服装分为三级），多的划分六、七个等级（如棉花分为七级）。

（3）商品等级按一定的质量指标进行划分。商品品种不同，其分级的质量指标也不同。例如茶叶是按其感官质量指标分级；食糖按其主要成分（蔗糖）含量和杂质含量分级；乳和乳制品要同时按感官指标、理化指标、微生物指标进行分级；呢绒是按其实物质量、物理指标、染色牢度、外观疵点等四项进行综合定等（即以其中最低一项定等）；一些日用工业品（乳胶鞋、陶瓷制品等）是按其外观疵点、理化性质与质量标准相差的程度来分级。对各种商品每一级的具体要求和分级方法，通常在商品标准中都有规定。

商品评定品级，便于生产部门加强管理，提高生产技术水平和产品质量，有利于商业部门限制伪劣产品进入流通领域，也有利于物价管理部门进行物价监管，维护消费者利益。

三、商品品级的划分方法

商品品级的划分方法又叫商品的分级方法。商品分级的方法很多，主要有百分记分法、限定记分法、限定缺陷法三种。

1. 百分记分法

百分记分法是用分数表示商品质量的一种方法。它是将商品的各项质量指标规定为一定分数，其中重要的指标占的分数高，次要指标占的分数低，各质量指标分数之和为 100 分。例如酒类各项指标分数的规定如表 3-4 所示。

表 3-4　酒类分级指标分数表

品　种	颜　色	气　味	口　味	风　格	特　殊
白酒	10 分	25 分	50 分	15 分	
啤酒	10 分	20 分	50 分		泡沫 20 分
葡萄酒	20 分	30 分	40 分	10 分	
香槟酒	15 分	20 分	40 分	10 分	气泡 15 分

如果某一项或几项质量指标不符合商品标准的要求，就要相应减分，从而使总分下降。最后按总分达到的等级分数线划分等级。因此，分数总和越高，等级也越高。百分记分法多用于食品等商品的品级划分。

2. 限定记分法

限定记分法是将商品的各种质量缺陷（即质量指标达不到质量标准要求的疵点）规定为一定分数，由缺陷分数的总和及其所在的等级分数线来确定商品的等级。缺陷越多，分数越高，品级越低。限定记分法多用于日用工业品、纺织品等商品的品级划分。

3. 限定缺陷法

限定缺陷法是在商品可能产生的质量缺陷（瑕疵点）范围内，规定各类商品每个级别所限定质量缺陷的种类、数量和程度。例如全胶鞋可能产生质量缺陷的外观指标有 13 项，其中鞋面起皱或麻点的缺陷，一级品限定“稍有”，二级限定“有”；鞋面沙眼的缺陷，一级品限定为“无”，二级品限定其沙眼直径不得超过 1.5mm、深度不得超过鞋面厚度，而且低筒鞋限两处、高筒鞋限四处，同时不得集中于鞋面厚度，在弯曲处不许有等。此外，在 13 项指标中，如果一级品有超过四项不符合要求，则降为二级品；二级品有超过六项不符合要求，则降为不合格品。限定缺陷法适用于鞋类、一些日用工业品和文化用品等商品的品级划分。

无论采用哪一种商品品级的划分方法，凡达不到等级的，均应划分为等外品或废品。

知识拓展

一、质量概述

1. 质量理念的演变

20世纪质量管理的发展历程经历了质量检验、统计质量控制和全面质量管理三个阶段。从质量管理理论的发展轨迹可以发现，质量理念在不断地演变。

（1）符合性质量。20世纪40年代，符合性质量概念以符合现行标准的程度作为衡量依据，“符合标准”就是合格的产品质量，符合的程度反映了产品质量的水平。

（2）适用性质量。20世纪60年代，适用性质量概念以适合顾客需要的程度作为衡量的依据，从使用的角度定义产品质量，认为质量就是产品的“适用性”。朱兰博士认为质量是“产品在使用时能够成功满足用户需要的程度”。质量涉及设计开发、制造、销售、服务等过程，形成了广义的质量概念。从“符合性”到“适用性”，反映了人们在对质量的认识过程中，已经开始把顾客需求放在首要位置。

（3）满意性质量。20世纪80年代，质量管理进入到TQM（全面质量管理）阶段，将质量定义为“一组固有特性满足要求的程度”。它不仅包括符合标准的要求，而且以顾客及其他相关方满意为衡量依据，体现“以顾客为关注焦点”的原则。

（4）卓越质量。20世纪90年代起，质量管理所追求的目标提升为以最低的成本、最高的效率实现顾客价值最大化，取得最佳的经营绩效。质量管理的内容逐步拓展为以顾客与市场为导向，在关注过程、减少波动的同时，注重组织的价值观、战略、资源、经营绩效与社会责任，全面实施基于过程的测量分析与改进。卓越质量不仅关注组织对顾客需求的识别与满足程度，而且关注组织在实现产品或服务质量的过程中的成本、效率与经营绩效。美国波多里奇质量奖、日本戴明质量奖、欧洲质量奖以及我国的全国质量奖（2004年8月30日发布的国家标准《GB/T 19580—2004卓越绩效评价准则》）等均以上述方面为指导思想，设立了相应的评价指标与准则。

从质量管理的发展、质量理念的演变来看，注重顾客需求、追求顾客价值、追求顾客满意和忠诚，提供富有魅力的卓越质量，成为质量管理研究的发展趋势，其目的在于指导企业赢得顾客和市场、赢得竞争。可见，目前质量管理的研究也越来越注重竞争力的提高。

2. 现代商品质量观

商品是一个整体的概念，现代质量观应当包含自然质量、无形质量和社会质量三个层次。

（1）自然质量是指商品满足消费者明确和潜在需求的各种物质特性。

（2）无形质量是指与商品相关的各种服务。

（3）社会质量是商品从生产、流通、消费到废弃整个生命周期满足全社会利益所必需的特性。

3. 常用商品质量度量术语

可用性：商品在规定的条件下完成规定功能的能力。

可靠性：商品在规定的条件下和规定的时间内，完成规定功能的能力。

安全性：商品在制造、储存和使用中，保证人身与环境免遭危害的程度。

维修性：在规定的条件下使用的商品，在规定的时间内，按规定的程序和方法进行维修时，保持或者恢复到能完成规定功能的能力。

使用寿命：产品在规定的使用条件下完成规定功能的总工作时间。

储存寿命：在规定的储存条件下商品从开始储存到规定的失效时间。

合格：满足规定的要求。

不合格：不满足规定的要求。

合格品：满足全部规定要求的商品。

不合格品：不满足规定要求的商品。

缺陷：不满足预期的使用要求。

故障：商品不能在预定的性能范围内工作。

失效：商品丧失规定的功能。

二、商品质量评价方法

通过构建商品质量综合评价方法，使企业能够客观、正确地认识和评价自己商品的质量，为其进一步提高自己商品的市场竞争力提供科学有效的理论依据。

1. 代表性指标评价法

采用代表性指标评价法进行商品质量评价，一般采用以下五类有代表性的指标。

（1）反映商品功能的主要指标，比如食品的营养成分含量。

（2）商品的安全性指标，比如电器产品的抗击穿，食品的有害物含量。

（3）商品的经济指标，比如成本、价格等。

（4）用户的综合满意程度。

（5）商品的市场占有率。

2. 综合指数法

采用综合指数法进行商品质量评价，需要首先根据消费者的诉求，选择指标并规定权重，然后按照公式 $Z=\sum z_i a_i$ 计算商品质量的综合指数 Z。式中，z_i 为各项指标的水平，a_i 为各项指标的权重。评价过程见表 3-5。

表 3-5　综合指数法式样表

	甲企业	乙企业	丙企业	a_i（%）
主指标	23	24.5	22.3	20
适用性	40	45.1	48.2	20
可靠性	35.4	32.3	34.7	30
可维修性	15.3	18.9	12.4	20
经济性	17.5	16.8	19.2	10
z_i	28.03	29.07	28.91	

结论：乙企业产品的综合质量高于甲、丙两个企业的产品。

3. 加权评分法

采用加权评分法进行商品质量评价，需要首先确定评价要素，然后对每一个要素确定出权数。与综合指数法不同的是，加权评价法满分是 100 分，如表 3-6 所示。

表 3-6　加权评分法的评价要素

评价要素	测量单位	权　重
使用质量	接受批的百分比	40
成本	最低价 / 实际价	35
服务	信守合同率	25

加权评分法适用于商业企业对供应商的评价，见表 3-7。

表 3-7　采用加权评分法评价供应商

序　号	项　目	供应商 A	供应商 B	供应商 C
①	收到货的批数	60	60	20
②	验收合格的批数	54	56	16
③	被接受批的百分比	90.0	93.3	80.0
④	质量等级（④ = ③ ×0.4）	36.0	37.3	32.0
⑤	实际价格	0.93	1.12	1.23
⑥	最低价 ÷ 实际价 ×100	100	83	79
⑦	价格等级（⑦ = ⑥ ×0.35）	35	29.1	26.6
⑧	交货守合同	90%	95%	100%
⑨	服务等级（⑨ = ⑧ ×0.25）	22.5	23.8	25
⑩	最终等级（⑩ = ④ + ⑦ + ⑨）	93.5	90.2	83.6

从表中最终等级评分结果可以得出，供应商 A 的总体质量最好。

4. 质量剖面图法

质量剖面图法的评价原则是对所有指标确定一个共同标度，用质量剖面图的面积，直观地评价综合质量。其优点是简单、形象、直观，适用于本企业同一产品不同时期的质量对比，但不适用于不同企业产品的比较。采用质量剖面图法对产品质量进行评价，如图 3-3 所示。

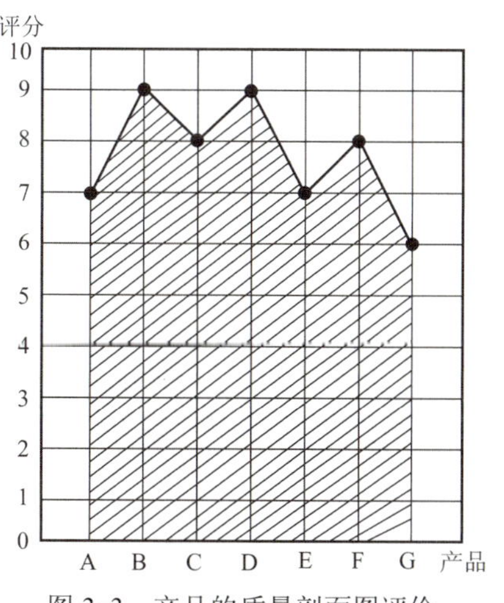

图 3-3　产品的质量剖面图评价

项目四　普通货物的存储与养护

教学目标

能对存储的货物进行基本的养护技术操作，特别是五防管理、温度和湿度管理和异常情况处理等。

案例导入

货物存储与空气温度和湿度的影响

影响货物存储质量变化的因素很多，其中一个重要的因素是空气温度。

有的货物怕热，例如油毡、复写纸、各种橡胶制品以及蜡等，如果超过储存温度要求（30～35℃）就会发黏、熔化或变质。有的货物怕冻，会因储存温度过低引起冻结、沉淀或失效，例如苹果储藏在1℃比在4～5℃储藏时寿命要延长一倍，但储藏温度过低可引起果实冻结，大为缩短其储藏寿命。

影响货物存储质量变化的另外一个重要因素是空气湿度。

由于货物本身含有一定的水分，如果空气相对湿度超过75%，吸湿性的货物就会从空气中吸收大量的水分而使含水量增加，这样就会影响到货物的质量，例如食盐、麦乳精、洗衣粉等会出现潮解、结块，服装、药材、糕点等会生霉、变质，金属会生锈。但空气相对湿度过小（低于30%），也会使一些货物的水分蒸发，从而影响货物质量，例如皮革、香皂、木器家具、竹制品等的开裂，甚至失去使用价值。

点评：货物储运期间，宏观上处于相对静止状态，但货物本身不断发生各种各样的微观运动变化。这些变化都会影响到货物的质量，如不及时加以控制，就会由量变发展到质变。

任务一　温度和湿度管理技术训练

典型工作任务

对学校物流实训中心进行温度和湿度管理。

工作任务描述

现代物流实训中心规定，需要每天对仓库内各区的温度和湿度进行例行的测量，以便根据所存储的物资对温度和湿度的要求，决定是否需要调整库内的温度和湿度。

技能训练活动

一、准备工作

（1）准备干湿球和温度计各 10 支悬挂于物流实训中心的不同位置。

（2）笔和记事本。

（3）准备一定量的冰块用以改变物流实训中心放置温度计处的温度。

二、技能训练

（1）每 5 人为一个小组，每小组指定一名学生为组长。

（2）教师示范干湿球和温度计数据的读取。

（3）各小组讨论并制订物流实训中心温度和湿度测量的方案。

（4）教师现场指导学生进行温度和湿度数据的测量和读取。

三、作业展示及点评

根据技能训练活动要求以及作业展示的内容与质量进行评分，并将得分填入表 4-1 中。

表 4-1 温度和湿度测量实训评分表

考评小组		被考评小组	
考评地点			
考评内容			
考评标准	内容	分值	实际得分
	测量方案设计	20	
	读数准确程度	40	
	数据误差的处理	40	
合计		100	

注：考评满分为 100 分，85 分以上为优秀；75 ～ 84 分为良好；60 ～ 74 分为及格；60 分以下为不及格。

知识链接

一、仓库温度和湿度控制与调节的概念

在仓储保管工作中，搞好环境的控制与调节，是商品养护的重要职责，是维护商品质量的重要措施。在商品储存中，养护人员必须根据商品的特性和质量变化的规律，使仓库的储

存环境经常保持在一定范围内，才能保管好商品，降低损耗，减少损失，达到商品安全储存的目的。

要做好仓储商品的环境控制与调节，首先要熟悉商品的特性。掌握所保管商品的质量变化规律以及本地区的气候变化规律和一些气象与气候知识，才能做到科学管理与养护。

在仓储环境的控制与调节中，温度和湿度的控制与调节又尤为重要。由于仓库的温度和湿度是受气候变化的影响而发生变化，这就需要采取一些措施来控制库内温度和湿度的变化。对不适宜商品储存的温度和湿度及时进行调节，创造适宜于商品储存的环境；当库内温度和湿度适宜商品储存时就要想方设法防止气候对库内的不利影响；当库内温度和湿度不适宜商品储存时，就要立即采取有效措施进行调节。

二、仓库温度和湿度控制与调节的方法

控制与调节仓库环境的方法很多，下面着重介绍密封、通风、吸潮等具体方法。

（一）仓库的密封

仓库的密封就是采用一定方法把整库、整垛或整件商品尽可能严密封闭起来，减弱外界不良气候条件的影响，切断外界虫、霉的感染途径和防止一定程度的厌氧，以达到商品安全储存的目的。

（1）采取密封储存，除了要考虑仓库内的温度和湿度变化情况外，还必须符合下列要求，方能达到预期的效果。

1）检查商品的质量、温度和含水量是否正常，如发现商品生霉、发热、发黏、“出汗”、生虫或商品含水量超过安全范围以及包装材料含水量过大，就不宜进行密封。只有进行必要的处理，使商品达到安全限度以内后，才能进行密封。

2）密封的时期要根据商品性质和气候变化规律来确定，怕潮、易霉的商品，应在梅雨季节到来之前进行密封；怕热、易熔的商品，应在较阴凉的季节进行密封；怕干裂的商品，应在温度较高、干燥期到来之前，进行密封；怕冻的商品，应尽可能提前在气温较高时进行密封。

3）商品密封后，要加强检查管理工作，因为密封只是相对的密封，不能完全隔绝气候对商品的影响。在检查中若发现商品或包装材料有异状，或温湿度不适宜，都要及时采取措施。保护商品质量的安全。

（2）常用的密封方法有整库密封、货垛密封、货架（柜、橱）密封和按件（箱）密封等。

1）整库密封。对储存量大，出入库动态小的商品宜于采取整库密封。具体做法是将门窗缝隙用毡条或棉布条堵严，出口应加装隔潮门，门上要挂棉门帘，在库内地面上加铺一层沥青与水泥防潮层，再垫一层枕木，上铺木板，再放一层油毡和一层芦席然后存放商品。

在密封库内，要经常注意温度和湿度的变化，以便及时采取相应措施。对怕潮易霉商品，当仓库内湿度较大时，可利用空气去湿机或采用吸湿剂（生石灰、氯化钙）来吸湿、潮；对易干裂商品，可以通过库内设置水缸或在库内悬挂湿度袋、草袋等办法来增加库内湿度。若密封库内有易霉、怕虫蛀的商品，可在库内定期用药剂进行杀虫杀菌，以防真菌虫害孳生。

2）货垛密封。对于一些怕潮易霉或易干裂的商品可以用防潮效果好的材料，如塑料薄膜、油毡、防潮纸，将货垛进行整垛密封。具体做法是在垛底先垫枕木，上铺木板，再铺油

毡和芦席，然后再铺上整块塑料薄膜，在薄膜上堆放商品，货垛堆成后，在垛顶盖以塑料薄膜，将货垛上与垛下薄膜的四边互卷在一起，用夹子夹紧。密封商品要求含水量降低到储存标准以内，鲜果则需保持好水分。

3）货架（柜、橱）密封。对于出入库内频繁、零星而又怕潮易霉、易干裂、易生虫、易锈蚀的商品，可以采用货架密封法。密封时，先将货架内外缝隙裱糊严密。在裱糊时，对有缝隙处应先糊一层软纸。然后再糊一层牛皮纸或防潮纸，使用的粘料可以是合成糨糊、水玻璃等。货架的门缝可加毡条或橡胶条。若储存有特别易潮、易霉、易锈蚀的商品，可在货架内放一容器，内装硅胶或氯化钙等吸湿剂，以保持货架内干燥。若储存易虫蛀商品，还应在货架内放入适量的精萘、樟脑丸等驱虫剂。

4）按件（箱）密封。按件（箱）密封主要是将商品的包装严密地进行封闭，一般适用于数量少，体积小、易霉、易锈蚀的商品，例如皮革制品、竹木制品、金属制品、乐器、仪表等。

（二）仓库的通风

通风就是根据空气流动的规律，有计划地对仓库进行空气交换，以达到调节库内温度和湿度的目的。通风并不是随便开启门窗，让库内外空气自由交换就行了，而是要严格掌握库内外空气自然流动的规律，根据商品性质和要求，对比库内外温度和湿度的实际情况和变化趋势，并参考风力、风向，有计划地进行。仓库通风管道如图 4-1 所示。

图 4-1　仓库通风管道

（1）通风的目的主要是由于库内温度或湿度大，不适宜商品的储存。库内温度高或湿度大，表示库内空气密度小于库外，空气压力也低于库外，库外空气也就自然会进入库内。特别是门窗及通风孔内外的气压差较大时，库外空气经由此进入库内，而库内热空气便由窗口或通气孔流出。

（2）通风降温的条件是库外空气的温度和绝对湿度要低于库内。只要符合这一条，无论何种地域和天气均可进行通风。但库内相对湿度在 80% 以上，说明温度高，商品容易变质，则需要通风。

（3）通风时间的选择。怕热类商品需要经常通风散热。只要库外温度低于库内时，就可以进行通风散热。夏季最好选择在夜间通风。怕冻类商品，在冬季可选择在中午至午后二至三时进行通风。怕潮类商品，必须是库外的绝对湿度小于库内的绝对湿度时才能进行通风。

通风时要不断观察效果，如果通风不符合库内温度和湿度要求，气候发生了不利于通风的变化或已经达到通风要求时，就立即停止通风。

（三）仓库的吸潮

在梅雨季节或阴天，当库内温度过高，库外湿度又过大，不宜商品保管，而又不宜进行通风散潮时，可以在密封库内用吸潮的办法降低库内湿度。比较好的方法是使用吸潮剂吸潮。吸潮剂具有较强的吸潮性能，可以迅速吸收空气中的水分，从而降低空气中的相对湿度。仓库使用的吸潮剂主要有：

（1）生石灰。生石灰的化学名称叫氯化钙，吸湿性较强，速度也较快。每千克生石灰吸水量为 0.2 ～ 0.25 千克，5 ～ 7 天就可达到接近饱和状态，8 ～ 9 天后基本上由块状变成粉状。可用 10cm 左右的块状生石灰置于竹篓或木箱里，但不可装满，以免吸湿膨胀后溢出。生石灰吸水后从空气中吸收二氧化碳，同时放出一定的热量和水。因此，最好在它尚未变成粉状之前就换掉。生石灰的放热过程很缓慢，对仓库商品无显著影响，使用时需防止其直接接触商品，就不致发生污染。

（2）氯化钙。氯化钙为白色多孔颗粒体，由于它与空气的接触面积大于其颗粒表面的数十倍，所以吸湿效果显著。粒径为 50 ～ 70mm 的吸水量最大。氯化钙按其品质可分为无水氯化钙（含水 3%）和含水氯化钙（含水 23%）。无水氯化钙每千克可吸水 1 ～ 1.2 千克；含水氯化钙每千克可吸水 0.7 ～ 0.8 千克。

氯化钙吸收水分到饱和程度后，会稀释成液态。因此，使用时应单层铺放在竹筛内，以增加和空气的接触面积。在竹筛下面放置容器收集饱和后的液态氯化钙。液态氯化钙加热蒸发水分，冷却后仍成颗粒状，可反复使用。氯化钙吸湿效果较好，目前已普遍采用作为吸湿剂。

（3）硅酸。硅酸又称矽酸、硅酸、凝胶、硅胶，为白色多孔状颗粒体，其吸湿作用与氯化钙相似，但颗粒较小，一般每千克可吸水分 0.4 ～ 0.7 千克，就达到饱和程度，但不稀释，不污染库房、饱和后的硅胶在 130℃～ 150℃的温度下烘烤，蒸发掉水分，可反复使用。使用硅酸吸湿时，可盛于细长的纱布口袋内，悬挂于库房空间，使之与空气有更大的接触面积。

硅胶本无色，加入一定量的氯化钴或氧化铁，使其呈天蓝色或朱黄色。前者吸湿后变成淡蓝色，最后变为粉红色；后者吸湿后则会逐渐褪色，变为无色。使用中可根据颜色的变化了解其吸湿程度，如图 4-2 所示。

图 4-2　硅酸干燥剂包及其颗粒

此外，还可以采用机械进行除湿。空气除湿机的工作原理是使湿空气经过滤器附着于蒸发器上，由于蒸发器的表面温度低于空气露点温度，空气中的水分就会凝结成水滴排出，使空气中的含水量降低，并将经过冷却干燥过的空气由风机送入库中。当库内的湿度降低到要求值时，就可以停机。一般的空气除湿机在气温 27℃，相对湿度 30% 时，每小时可吸水 3.4 千克。

知识拓展

一、空气温度及变化规律

空气温度是指空气的冷热程度，简称气温。通常所说的气温是距地面 1.5m 高处的空气温度。距离地面越近，空气的温度越高；距离地面越远，空气的温度越低。

衡量温度高低的尺度称为温标。温标有摄氏温标和华氏温标两种。常用的温标为摄氏温标，是以纯净水在 1 个标准大气压下的冰点为“0”度，沸点为“100”度为标准的。在气象部门和仓库温度和湿度管理工作中，一般使用摄氏温标表示气温。

大气的温度处于经常、不断地运动变化中，其变化有周期性和非周期性两种类型。

（1）气温的周期性变化又可分为日变化和年变化两种情况。

1）气温的日变化是指一个昼夜间气温的变化。一日之中，日出前温度最低；日出以后，由于太阳照射地面，空气的温度开始升高，通常在 14 ～ 15 时出现最高气温，之后气温逐渐降低，直至次日日出前，气温又达到最低值。

在不同的季节里，气温日较差也不同。在温暖季节里，由于中午太阳直射地面，辐射强度大，因此气温日较差就比寒冷季节大。一般来说，夏季气温日较差最大，冬季最小；晴天气温日较差较大，阴天较小。

凹陷的地面具有较大的气温日较差，凸出的地面气温日较差较小。这是由于凹地和山谷地区的空气白天受热不易散失，气温较高，夜间就强烈变冷，冷却的空气顺坡下滑，积聚在凹地，使气温比平地低，所以凹地气温日较差较大。凸地如小丘、小岗，情况则相反，气温日较差较小。

此外，下垫面 ㊀的性质也影响气温的日较差。一般来说，温度变化剧烈的表面，气温日较差也较大。沙土、深色土和干松土壤上的气温日较差分别比黏土、浅色土和潮湿土壤上的气温日较差大。同理，陆地气温日较差比海洋大，在有植被和植被茂密的地方的气温日较差比裸露地区或植被稀疏的地方小。

2）气温的年变化是指气温在一年内有规律的变化。一年之中，在内陆，最低气温出现在 1 ～ 2 月，最高气温出现在 7 ～ 8 月；沿海地区最低气温出现在 2 月，最高气温出现在 8 ～ 9 月，年平均气温出现在 4 月底和 10 月底。影响气温变化的因素有纬度、地形、下垫面性质及海拔高度等。

（2）气温的非周期性变化是指时间上没有规律的气温变化，是不正常的、偶然性的气温变化。比如霜冻、寒流、暖流、风、雪、雨等，都会造成气温的突然变化。由于这些变化没有固定的时间和周期性规律，表现为气温和湿度突然甚至是剧幅变化，经常给商品储存和养护工作带来困难。货物仓储管理人员应密切关注气温变化情况避免商品遭受到破坏和损失。

二、库内气温的变化规律

库内气温的变化主要受大气温度变化的影响，它随着大气温度的变化也相应地发生规

㊀ 下垫面是指大气下层直接接触的地球表面，包括地形、地质、土壤和植被等，是影响气候的重要因素之一。

律性的变化。库内气温的变化，不论日变化或年变化，都与库外气温的变化规律大致相同。

由于库内空气的热源主要靠太阳光照射库房墙壁、屋顶向库内传导热量，或通过门窗向库内辐射热量，库外大气也经墙壁、屋顶与库内进行热量交换，或通过门窗、通风洞等对流，这些影响在时间上需要一个过程，程度上也受到一定的削弱。所以，库内温度的变化缓于库外，而且温度变化的幅度也比库外小。

此外库房的坐落方向、建筑结构、建筑材料、库房部位及储存商品等对库房温度变化均有一定的影响。一般来讲，仓库坐落在空旷的地方受库外气温的影响较小，坐落在周围有建筑物的地方受库外气温影响较大；铁皮和木板结构的仓库，受库外气温影响较大，石墙次之，砖墙最小。外墙颜色浅、抹光的库房受库外气温影响比颜色深、不抹光的小。库房高度、墙壁厚薄、有无顶棚等也对库温有不同程度的影响。而且，库内不同部位的温度分布也不一致，一般接近库顶的部位，温度较高，而接近于地面的部位，温度较低；向阳一面温度较高，背阳一面温度较低；垛顶温度较高，垛底温度偏低；通风好的部位易受外温影响，库内深处较稳定。另外，商品堆码的形式和商品的种类都对库温有一定的影响。

库内温度的年变化，完全受气温变化的影响。在春、夏季节，气温上升时，库温通常低于库外气温；秋、冬季节，库温常常高于气温。当然，具体变化情况还要根据仓库密封情况进行判断。

三、空气湿度及变化规律

空气湿度是指空气中水汽含量的多少或空气干湿程度，简称湿度。空气中含水汽量越多，则空气湿度越大；空气中含水汽量越少，则空气湿度越小，即空气越干燥。空气中的水汽主要来自地面水蒸气的蒸发。

空气湿度的表示方法有绝对湿度、饱和湿度、相对湿度、露点等。

（1）绝对湿度是指单位体积的空气中实际所含的水汽量。

（2）饱和湿度是指在一定的温度下，每立方米的空气中所能容纳水汽量的最大限度。

（3）相对湿度表示空气中实际水汽量距离饱和状态的程度。

（4）露是极其微小的水滴，它是由潮湿的空气与温度较低的表面相接处，使其温度降低到露点以下，即空气中的水汽含量超过饱和时，在物体表面形成的露珠。

四、空气湿度的变化规律

1. 绝对湿度的变化规律

一般来说，绝对湿度是随着温度的升高而增加，随着温度的降低而减小的。绝对湿度的变化也有日变化和年变化两种情况。

绝对湿度的日变化有两种类型，即单峰型和双峰型（重点掌握前者）。绝对湿度的单峰型日变化是指每日之中出现一次最高值和一次最低值。这种变化与气温的变化相一致，一般在日出前气温最低时，绝对湿度最小；日出后随着其温度的升高而逐渐增加；到 14 ～ 15 时气温达到最高时，绝对湿度最大。绝对湿度的单峰型日变化，多出现在海岛、沿海地区及大陆上的秋、冬季节。

绝对湿度的年变化，基本上与气温的年变化相一致。由于夏季温度高，水分蒸发比冬季强，因此一年之中，绝对湿度最高值出现在 7 ～ 8 月，最低值出现在 1 月。

2. 相对湿度的变化规律

相对湿度的变化规律有一个显著的特点，即随气温的升高而减小，随气温的降低而增大。相对湿度也有日变化和年变化两种类型。

在一日之中，在气温最低的日出前，相对湿度较大；日出后，逐渐降低，到 14 ～ 15 时相对湿度达到最低值；之后又随气温的下降而逐渐升高，到次日日出前又达到最高值。但在沿海一带的夏季，由于受到风里带来较多水蒸气的影响，而这种暖湿的海风在 13 ～ 15 时最强，因此此时的相对湿度最高。

在我国内陆干燥地区，相对湿度最高值出现在冬季，最低值出现在夏季。

五、库内湿度的变化规律

库内的空气湿度主要是受库外空气湿度的影响，但库房建筑结构和储存商品的状况等对库内湿度也有一定的影响。

库内绝对湿度的日变化主要随库外湿度的变化而变化，但其最高值和最低值变化幅度小于库外。库内绝对湿度的年变化基本上与库外一致。

库内相对湿度的变化，主要受库内温度的影响，其日变化与年变化基本上与库外相似，但一日内只出现一次最高值和一次最低值，变化幅度也小。

库内的湿度变化范围小于库外，但也因具体条件的影响而有所差别。同一库房内向阳面、通风处相对湿度偏低，背阳面积通风不良处则偏高；库房上部，因气温较高，所以相对湿度较低，库房下面接近地面，温度较低，因此相对湿度较高。

六、空气温度和湿度的测定

为了科学地控制与调节仓库的温度和湿度变化，应该根据实际需要设置一些必要的科学仪器设备，观测有关温度和湿度管理的气象要素，同时还必须与当地气象部门保持密切联系，以便于更好地开展仓库的温度和湿度管理工作。

测定空气温度和湿度的仪器有很多种，仓库里常用的测量设备有普通温度计（如图 4-3 所示）、最高最低温度表、自记温度计等；测定空气湿度的仪器常用的有干湿球湿度表、自记毛发湿度计、电子测温测湿仪（见图 4-4）等。

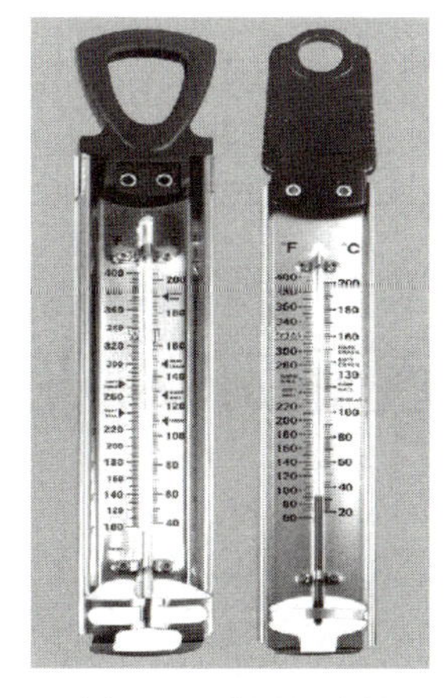

图 4-3　普通温度计

图 4-4　电子测温测湿仪

1. 空气温度和湿度仪器的放置

为了及时获得库内外温度和湿度变化的资料，必须根据仓库的条件和需要，将测试温度和湿度的仪器分别放置在库内和库外的适当地点。

在库内，应根据库房面积的大小、商品的性质特点及季节气候情况，确定悬挂的数量和地点。在一般情况下，在每栋库房有代表性的中央走道一侧、高度为 1.5m 左右处悬挂一副干湿球湿度表即可。阴雨季节，在储存易霉变的商品或极易受潮、受热，发生质量变化的商品库房内，应适当增加温度和湿度计的数量，同时也可设置最高最低温度表等，以观测库房内不同位置的温度和湿度的变化情况。

在库外，为了保护温度和湿度仪器不受阳光、雨水、强风的影响，除了测风器外，其他温度和湿度仪器都必须放在百叶箱内。百叶箱的器壁由两排薄木板叶组成，箱盖有两层，空气能自由流通，箱内外各部分均涂以白色油漆。百叶窗应放置在库外比较空旷的草坪上，且距离地面 1.25m 高的特制百叶箱架子上，箱门朝北，在箱门靠近架子处放一小木梯，并在观测前要进行 3 ～ 4min 的通风。

2. 温度和湿度仪器的观测与管理

必须指定专人负责空气温度和湿度仪器的观测，并根据商品的特性和季节气候规律确定观察的时间和次数，一般应在每天的 8 ～ 9 时、13 ～ 14 时进行观测，观测后及时填写如表所示的仓库温度和湿度登记表，见表 4-2。

表 4-2 仓库温度和湿度记录表

序号		放置位置				储存商品			适宜湿度			适宜相对温度				通风情况
上午						中午				下午						
日	干表温度	湿表温度	相对湿度	绝对湿度	天气	干表温度	湿表温度	相对湿度	绝对湿度	天气	干表温度	湿表温度	相对湿度	绝对湿度	天气	
1																
2																
3																
4																
5																
…																
30																
31																
月平均温度			月最高温度		月最低温度			月平均相对湿度		月最高相对湿度				月最低相对湿度		

注：天气符号：晴 ○；阴 ×；雨△；雪● 记录员：

任务二 防虫管理处理技术训练

制定仓库防虫管理方案。

工作任务描述

当地一家仓储物流公司在夏天发现其仓库内储存的货物疑似有虫咬的迹象，请为该物流公司制定一个长效的虫害防治方案。

技能训练活动

一、技能训练

（1）全班分为 5 组，每组选出组长。

（2）每组成员分工查找相应的防虫鼠害相关资料。

（3）根据任务描述，制定防虫鼠害的方案。

二、作业展示及点评

根据技能训练活动要求以及作业展示的内容与质量进行评分，并将得分填入表 4-3 中。

表 4-3　防虫鼠害实训评分表

考评小组		被考评小组	
考评地点			
考评内容			
考评标准	内　容	分　值	实际得分
	资料内容完备程度	20	
	防虫鼠害方案的格式与内容	40	
	方案的合理性与可行性程度	40	
合　计		100	

注：考评满分为 100 分，85 分以上为优秀；75 ～ 84 分为良好；60 ～ 74 分为及格；60 分以下为不及格。

知识链接

一、货物的防虫害

1. 货仓的害虫与防治

仓库内害虫的防治，是做好商品保管工作的一个重要组成部分。

（1）仓库内害虫的来源如下：

1）商品入库前已有害虫潜伏在商品之中，例如农产品中含有的寄生虫。

2）商品包装材料内隐藏害虫，例如进口商品中含木质包装材料的需提供熏蒸消毒证明。

3）运输工具带来害虫。车船等运输工具如果装运过带有害虫的粮食、皮毛等，害虫就有可能潜伏在运输工具中，再传播给其他商品。

4）仓库内本身隐藏有害虫。

5）仓库环境不够清洁，库内杂物、垃圾等未及时清除干净，潜伏并孳生害虫。

6）邻近仓间感染害虫。邻近仓间或邻近货垛储存的已生虫商品，感染了没有生虫的仓间或商品。

7）储存地点的环境影响。比如仓库地处郊外，常有麻雀、老鼠等进入。它们身上常常带有虫卵或虫体，将田野、树木上的害虫带入仓间，感染商品。

（2）仓库内害虫的特性。仓库内害虫大多来源于农作物，由于长期生活在仓库中，生活习性可能逐渐改变，适应了仓库内的环境而继续繁殖，并具有以下特性。

1）较强的环境适应性。仓库害虫一般能耐热、耐寒、耐干、耐饥，并具有一定的抗药性。适宜仓库害虫生长繁殖的温度范围一般为 18 ～ 35℃，仓库害虫在 5 ～ 8 月间生长繁殖最为旺盛，一般能忍耐 38 ～ 45℃的高温。在 10℃以下，大多数仓库害虫停止发育，0℃左右处于休眠状态，但不易冻死。大多数仓库害虫能生活于含水量很少的物品中。

大部分仓库害虫能忍耐长时期的饥饿而不死，如黑皮蠹（dù）能耐饥 5 年。花斑皮蠹的休眠幼虫能耐饥 8 年，体长 7 ～ 8mm 的幼虫，可缩小到 2.5mm，一旦复食很快就会长大。

2）食性广杂。大多数仓库害虫具有多食或杂食性。这些仓库害虫的口器发达，可咬食质地坚硬的食物。

3）繁殖力强。由于仓库环境气候变化小，天敌少，食物丰富，活动范围有限，雌雄个体相遇机会多等原因，仓库害虫繁殖力极强。

4）活动隐蔽。大多数仓库害虫体型很小，体色较深，隐藏于阴暗角落或在货物中蛀成“隧道”，危害货物，难以被发现，寒冬季节又常在板墙缝隙中潜伏过冬。

2. 常见的仓库害虫

仓库害虫的种类很多，目前世界上已定名的害虫有 500 多种。我国发现的仓库害虫有近 200 种，其中常见的危害货物的害虫就有 60 多种，严重危害货物的达 30 多种。主要仓库害虫有以下几种。

（1）黑皮蠹。黑皮蠹又名毛毡黑皮蠹，属于鞘翅目，皮蠹科。其幼虫耐干、耐寒、耐饥能力较强。食性相当广杂，除喜食动物性货物外，还严重危害粮食、干果、烟叶、干菜等货物，如图 4-5 所示。皮蠹科除了黑皮蠹外，还有花斑皮蠹、花背皮蠹、小圆皮蠹、百怪皮蠹、赤竹皮蠹和拟白腹皮蠹等。

（2）竹长蠹。竹长蠹又名竹蠹，属于鞘翅目，长蠹科，喜食竹材制品及包装，如图 4-6 所示。长蠹科仓库害虫除了竹长蠹外，危害较大的还有角胸长蠹。

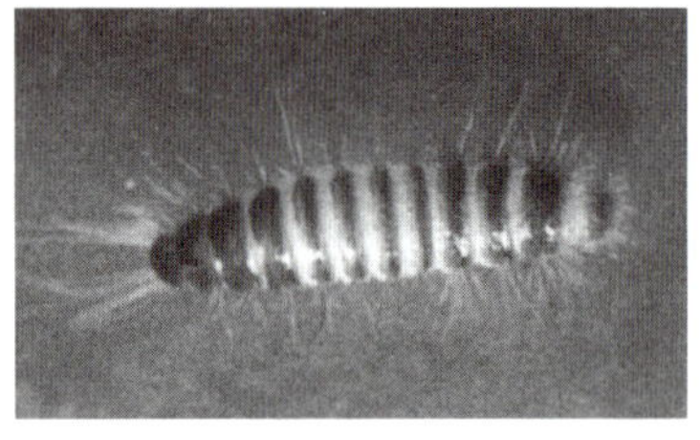

图 4-5　黑皮蠹

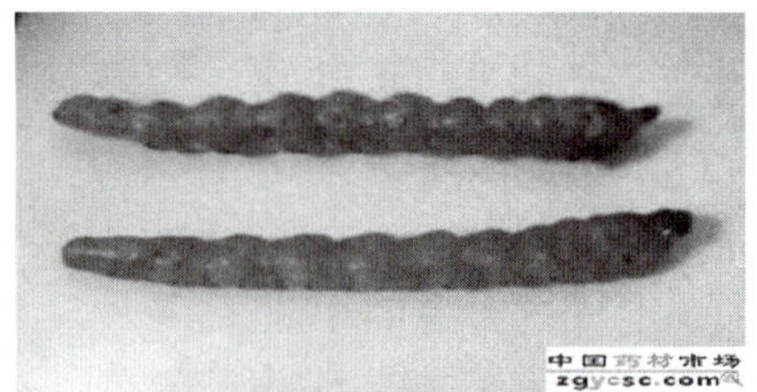

图 4-6　竹长蠹

（3）烟草甲。烟草甲又名苦丁茶蛀虫、烟草标本虫，属鞘翅目，窃蠹科。成虫喜食烟叶、卷烟及部分中药材，并能危害丝毛制品及皮毛、皮革、书籍、茶叶等，如图 4-7 所示。窃蠹科仓库害虫除烟草甲外，还有危害中药材、面粉及其制品的药材甲等。

（4）锯谷盗。锯谷盗又名锯胸谷盗，属鞘翅目，锯谷盗科。大多数以成虫潜伏越冬，成虫最多可存活三年之久，抗寒、抗毒性强，并有假死现象，喜食干果类和含糖分较多的中药材，如图 4-8 所示。

（5）袋衣蛾。袋衣蛾又名负袋衣蛾，属鞘翅目，衣蛾科。成虫能结成茧袋并负袋爬行，一般产卵后 1 ～ 2 天死亡。幼虫耐寒性强，在 –10 ～ –6℃低温下不致冻死。在仓库中幼虫主要危害毛制品、毛织品、毛衣、毡垫等。衣蛾科中危害毛织制品的仓虫，还有织网衣蛾、毛毡衣蛾等，如图 4-9 所示。

图 4-7　烟草甲

图 4-8　锯谷盗

图 4-9　袋衣蛾

仓库害虫除以上介绍的几种外，还有衣鱼科的毛衣鱼；蛛甲科的裸体蛾甲、白斑蛾等；天牛科的星天牛、褐幽天牛；豆象科的各种豆象以及象虫科的玉米象等。

3. 常见易被虫蛀的货物

容易被虫蛀的货物，主要是一些由营养成分含量较高的动植物加工制成的货物。为了做好这类货物的虫害防治，现将它们遭受虫害的情况进行介绍。

（1）毛丝织品与毛、皮制品。这类商品含有多种蛋白。常见危害这类货物的害虫，主要有各种皮蠹、织网衣蛾、袋衣蛾、毛毡衣蛾、白斑蛾、裸体蛾甲、毛衣鱼等。此类害虫生长繁殖期在 4 ～ 9 月间为盛，适宜的温度和湿度为：温度 25 ～ 30℃；相对湿度 70% ～ 90%。

（2）竹藤制品。这类商品含纤维素和糖分。常见蛀虫有竹长蠹、角胸长蠹、褐粉蠹和烟草甲等。竹藤蛀虫性喜温湿，怕光，一般在 4 ～ 5 月间发现成虫，最适合生长繁殖的气温为 28 ～ 30℃，相对湿度为 70% ～ 80%。

（3）纸张及纸制品。这类货物含纤维素和各种胶质、淀粉糊。常见的蛀虫有毛衣鱼与白蚁。此类蛀虫喜温湿、阴暗环境。仓库中如有新鲜松木或胶料香味时，很容易诱集白蚁与毛衣鱼。毛衣鱼的危害季节在 7 ～ 9 月，白蚁的危害季节一般在 4 ～ 9 月。

此外，常见易被虫蛀的货物还有烟叶和卷烟、干果等。这类货物含糖类、蛋白质、烟碱等物质，主要害虫有烟草甲和烟草粉螟等。干果糖分、淀粉及水分含量较高，蛀虫有锯谷盗、花斑皮蠹、玉米象、咖啡豆象、螟蛾等。此类蛀虫生长繁殖的旺盛期在 6 ～ 8 月之间，最适合温度为 28 ～ 30℃，相对湿度为 70% ～ 80%。

二、仓库害虫的防治

货物中发现害虫如不及时采取措施进行杀灭，常会造成严重损失。仓库害虫防治的方法首先要从源头入手，然后利用药物进行有效的杀灭和预防。

1. 杜绝仓库害虫来源

要杜绝仓库害虫的来源和传播，必须做好以下几点：

（1）货物和原材料的杀虫、防虫处理。

（2）入库货物的虫害检查和处理。

（3）仓库的环境卫生及备品用具的卫生消毒。

2. 药物防治

使用各种化学杀虫剂，通过胃毒、触杀或熏蒸等方式杀灭害虫，是当前防治仓库害虫的主要措施。常用的防虫、杀虫药剂有以下几种：

（1）驱避剂。驱避剂的驱虫作用是利用易挥发并具有特殊气味和毒性的固体药物，使挥发出来的气体在货物周围经常保持一定的浓度，从而起到驱避和毒杀仓库害虫的作用。常见的驱避剂药物有精萘、对位二氯化苯、樟脑精（合成樟脑）等。

（2）杀虫剂。杀虫剂主要通过触杀、胃毒作用杀灭害虫。触杀剂和胃毒剂很多，常用于仓库及环境消毒的有敌敌畏、美曲膦酯等。

（3）熏蒸剂。杀毒剂的蒸气通过害虫的气门及气管进入体内，而引起中毒死亡，称作熏蒸作用。具有熏蒸作用的杀虫剂称熏蒸剂。常用的熏蒸剂有溴甲烷、磷化铝、环氧乙烷和硫黄等。熏蒸方法可根据货物的数量结合仓库建筑条件，酌情采用整库密封熏蒸、帐幕密封熏蒸、小室密封熏蒸和密封箱、密封缸熏蒸等形式。必须要注意的是，上述几种熏蒸剂均可产生剧毒气体，使用时必须严格落实安全措施，如图 4-10 所示。

图 4-10　化学杀虫法

仓库害虫的防治方法除了药物防治外，还有高低温杀虫、缺氧杀虫、辐射杀虫以及各种合成激素杀虫等。

知识拓展

老鼠是人类的天敌。它们种类多，数量大，而且繁殖很快，生命力很强，几乎什么都能吃，什么地方都能住。老鼠能打洞、上树，会爬山、涉水，对人类危害极大。除了动物灭鼠外，人们还用器械、药物等方法灭鼠。

一、老鼠的种类

世界约有 1 700 多种鼠类，其中我国发现的鼠类约 170 多种。我国南方主要鼠种有 32 种，可分为家栖和野栖两类。例如浙江地区常见的家栖鼠主要有褐家鼠和小家鼠两种（见图 4-11）；野栖鼠主要是黑线姬鼠和黄毛鼠。

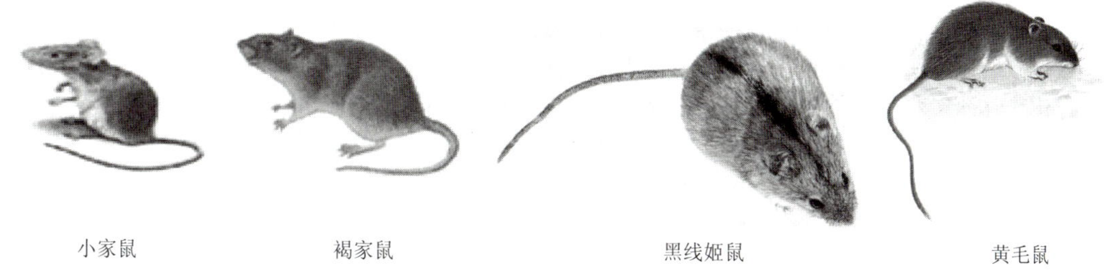

图 4-11　浙江地区常见鼠类

（1）褐家鼠，毛色灰，喜欢在墙根、墙角打洞，一般体重在 300g 左右，大的褐家鼠可达 900g，因而又叫大家鼠。褐家鼠分布广，适应性强，繁殖能力强，危害严重，与人类活动关系密切，防治难度比较大。

（2）小家鼠，毛色灰，个体较小，体重大约为 20 ～ 30g，因而也叫做小耗子。除在墙根作窝外，小家鼠与人类伴生，凡有人居住和活动的地方，几乎都能见到它的踪迹。

（3）黑线姬鼠体长 65 ～ 120mm，头小、吻尖，耳长 9 ～ 16mm，尾长为体长的 2/3。尾毛不发达，鳞片裸露呈环状。毛色随栖息环境的不同和亚种的分化多有一定的变化。背毛一般棕褐色，背毛基部多深灰色，上段黄棕色，有些带有黑尖。背部具一条明显黑线，从两耳之间一直延伸至接近尾的基部。黑线姬鼠为稻区及其他湿润农业区的重要优势鼠种，常盗食各种农作物的禾苗、种子、果实以及瓜、果、蔬菜，一般咬断作物的秸秆，取食作物的果实，对作物的危害，如水稻、小麦、玉米等，可从播种期维持到成熟期，在瓜菜田及保护地经常盗食瓜菜、种子、小苗，同时由于其经常迁入室内，且为流行性出血热和钩端螺旋体病的重要宿主，传播的疾病多达 17 种。黑线姬鼠对人民群众的身体健康危害极大。

二、老鼠的生活习性及活动规律

除去体形上的差异，各种老鼠的生活习性及活动规律比较相似，尤其在家栖鼠类上表现得尤为明显。

（1）昼伏夜出，嗅觉灵敏。吃饱后打闹、追逐，饿了或发现有新的食物，再结伴聚餐。

（2）非常灵活且狡猾。出洞活动时小心谨慎，确认安全后方才出洞。它习惯在“鼠窝—食物—水源”之间建立固定路线，以避免危险。

（3）视觉灵敏。老鼠大多数时间在夜间出来活动和觅食。夜间活动的老鼠能在很暗的光线下察觉出移动的物体；白天活动时，老鼠视力更好。

（4）钻洞本领高。老鼠栖息于住宅内杂物堆、厨房、箱柜、抽屉、墙壁、屋角、地板下、储藏室、粮草堆、食品仓库、粮库、打谷场、猪舍、车站、码头以及村庄附近的农田、菜地、田埂、荒地、草丛、水渠边等地打洞作巢。

（5）很强的记忆力和警惕性。在熟悉的环境中改变一部分，立即会引起它的警觉，不敢向前，经反复熟悉后方敢向前。如在某处受过袭击，它会长时间回避此地。

三、老鼠的食物

老鼠的食性很杂，几乎人们吃的东西它都吃，每只老鼠一年要吃 3kg 食物，除了人类可以吃的食物外，还包括塑料、电线、木头、肥皂等人类使用的物品，都可以成为它们的“美味佳肴”，例如褐家鼠是储藏期苹果危害较大的害鼠之一。最令人愤慨的是，老鼠大规模侵袭农田，有时一夜之间把田野中的玉米、稻米等农作物一扫而光。我国每年因鼠害造成的损失有：粮食 30 亿～ 40 亿千克，棉花 20 万～ 30 万担，甘蔗 10 万吨以上。而生产这些农作物需要 1 400 万亩左右良田，约占我国可耕地面积的 1%。也就是说，在我国栖息的数十亿只老鼠每年导致 1 400 万亩粮田颗粒无收。

四、鼠类的繁殖

鼠类具有很强的繁殖能力。例如在我国南方地区小家鼠几乎全年均能繁殖。一般春、秋两季为繁殖高峰期，冬季繁殖率较低。一般年产 5 ～ 7 胎，每胎 1 ～ 16 仔。母鼠产后不久又可受孕，仔鼠出生后 2 ～ 3 个月性成熟。

再比如，褐家鼠也具备很强的繁殖能力，一年可产 6 ～ 8 胎，孕期 3 周左右，每胎产仔 7 ～ 10 只，多的可达 15 只。其繁殖期从 1 月下旬开始，到 12 月上旬结束，历时 320 天，12 月中旬到 1 月中旬为滞育期。幼鼠产下后 3 个月左右即达到性成熟，寿命 2 年左右。

如果一只老鼠一年要怀八次胎，就有俗语：“一公一母，一年三百五”。鼠类的超强繁殖能力，给人们的鼠害防治工作带来了极大的困难。

五、老鼠的危害

鼠类的泛滥，给人类生产生活带来了严重的危害。鼠类不仅盗食种子、毁坏树苗、危害林业，还挖掘田地、偷吃粮食、危害农业；甚至是啃咬衣物和食品，破坏财物，污染环境，传播疾病。

更可怕的是，有的鼠类还在堤坝上挖掘洞，容易造成坝体松动，形成水患，真可谓是“千里堤坝，溃于鼠穴”。

六、鼠害防治的方法

1. 使用捕鼠夹具

捕鼠夹具要放在室内沿墙较隐蔽的地方，与墙呈直角，诱饵可用生花生米，最好在捕鼠夹周围撒些谷物，也可在夹上抹些面粉、玉米粉。在农田可放在田沟。每天晚上布夹，早上收回，如图 4-12 所示。

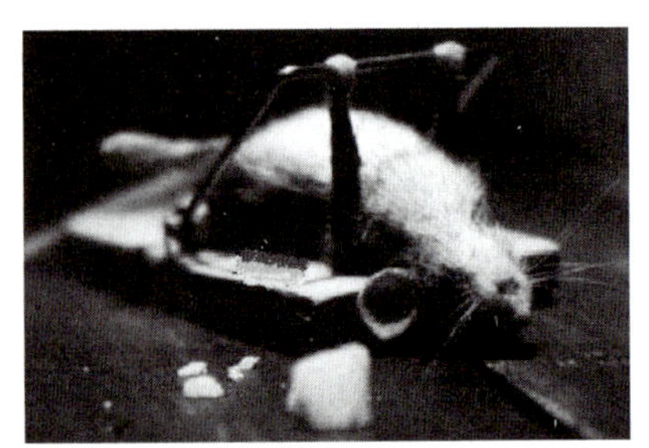

图 4-12　鼠害的防治

2. 使用诱杀毒饵

溴敌隆是第二代抗凝血杀鼠剂，对农田鼠类和家栖鼠类都有较好的效果。

（1）配制毒饵：先用 0.5% 溴敌隆水剂母液 1kg 兑温热水 4kg，充分搅拌后倒入 100kg 饵料（可选用小麦或稻谷）中拌匀，待药液吸干后，用塑料薄膜覆盖，闷堆 30min 后摊开晾干即可。

（2）制作竹筒毒饵站：用口径为 5 ～ 6cm 竹筒制成。房舍区毒饵站长 30cm，农田区长 45cm（不计用来遮雨的突出部分）。毒饵站中一般放 25 ～ 30g 毒饵。放置 15 天检查一次，发现毒饵减少的要及时补足。

（3）毒饵站的放置：在农舍区，可将毒饵直接放在墙根，用小石块固定，每户放 2 个，一个放在猪圈外，一个放在后屋檐下。大田使用应将毒饵站用铁丝固定插入地下，地面与竹筒间留 3 ～ 5cm，以免雨水灌入，每亩放置 1 个，沿田埂放置。每季灭鼠放置时间不得少于 20 天，最好达到 30 天。

（4）注意事项：配制毒饵时要按照规定的操作规程执行，配制毒饵的地方要远离水源和畜禽，不要用手直接接触毒饵，剩余的鼠药、毒饵应及时回收保管，不再用的毒饵、含毒垃圾与收集的鼠尸要深埋处理。

任务三　防锈、除锈处理技术训练

典型工作任务

制定仓库防锈、除锈处理方案。

工作任务描述

梅雨季节来临时，由于防潮工作不到位，某物流公司的金属材料仓库所存材料产生轻微的锈蚀，员工们准备进行材料的除锈和防锈工作。请为他们制定一个防锈、除锈处理方案。

技能训练活动

一、技能训练

（1）全班按照 5 ～ 10 人一组进行分组，每组选出组长。

（2）每组成员分工查找相应的防锈、除锈处理相关资料。

（3）根据任务描述，制定防锈、除锈处理的方案。

（4）每组展示防锈、除锈处理方案。

二、作业展示及点评

根据技能训练活动要求以及作业展示的内容与质量进行评分，并将得分填入表 4-4 中。

表 4-4 物资防锈、除锈处理实训评分表

考 评 人		被 考 评 人	
考 评 地 点			
考 评 内 容	物资防锈、除锈处理技能		
考 评 标 准	内 容	分 值	实 际 得 分
	正确涂防锈油防锈	15	
	选择合适的气相防锈纸，正确包装物资	15	
	正确涂油漆防锈	15	
	正确用手工除锈	15	
	正确涂防锈材料	15	
	正确用防锈材料包装物资	15	
	遵守相关安全规定	10	
合 计		100	

注：考评满分为 100 分，85 分以上者为优秀；75 ～ 84 分为良好；60 ～ 74 分为及格；60 分以下为不及格。

知识链接

一、金属防锈

1. 防止金属锈蚀的一般措施

因为对影响金属锈蚀的内在因素无法改变和控制，所以只能根据影响金属锈蚀的外界因素采取相应的措施。在储存有金属物资的仓库中，首先应当做好以下防止金属锈蚀的一般措施：

（1）防水防潮，保持库内干燥。

（2）避免库内温度的急剧变化。

（3）避免有害气体的影响。

（4）防尘除尘，保持库内干净清洁。

（5）文明装卸，防止机械损伤。

2. 防止金属锈蚀的主要方法

（1）涂油防锈。涂油防锈是在金属表面喷涂一层具有缓蚀作用的防锈油脂，对金属起到保护作用。一般要求防锈油脂具有较好的缓蚀能力，对金属有良好的附着力，成膜完整、致密、均匀、牢固。油膜应有一定的强度、稳定性和防水性。防锈油脂应易喷涂、易清除、无毒害。

防锈油脂分软膜和硬膜两类。软膜防锈油脂是在一般矿物油中加入油溶性缓蚀剂和某些改性添加剂所组成的。常用的矿物油有工业凡士林、气缸油、机械油等。油溶性缓蚀剂基本上是高分子有机极性化合物。硬膜防锈油脂为棕红色透明液体，干燥后为无色透明，由石油溶剂、成膜剂添加多种高效防锈添加剂生产而成。油膜干燥后形成一层透明蜡质薄膜，具有优良的抗湿热、抗盐雾、耐大气腐蚀性能，防锈性强，膜层外表美观，主要用于不锈钢、黑色金属、精密金属零部件制品组件及其他合金材料的封存防锈及室

内外长期防锈。

（2）气相防锈。气相防锈是利用挥发性的固体物质——气相缓蚀剂在金属制品周围挥发出缓蚀气体来阻隔腐蚀介质的腐蚀作用，从而达到防锈的目的。气相缓蚀剂应具备下列条件：具有适宜的挥发性和扩散能力；具有良好的化学稳定性，在使用时不因光、热等因素的作用而变质；在水中或有机溶剂中有一定的溶解度；有良好的缓蚀防锈能力；无严重毒害性。

在使用气相缓蚀剂时，应根据不同的情况，采取不同的方法，常用的方法有粉末法、载体法、溶液法和气相薄膜法等。

1）粉末法。是指将气体缓蚀剂粉末均匀撒在金属表面上或装入具有透气性的布袋或纸袋中，放在被保护金属的周围。缓蚀剂距金属制品不得超过其有效作用半径（一般为30cm），其用量应根据缓蚀剂的种类、性能、包装条件及封存期的长短来确定。一般情况下，每立方米的包装容积需要缓蚀剂0.5～1g。此外，还须考虑漏损量和保险系数。

2）载体法。是指将气相防锈剂溶解于水或有机溶剂中，然后浸涂在载体上。载体可以是纸或布，使用最多的是纸，这种纸称为气相防锈纸。用气相防锈纸包装金属制品，外层再用密闭材料密封包装，可以达到良好的防锈蚀效果。

3）溶液法。是指将气体缓蚀剂溶于水或有机溶剂中，生成一定浓度的溶液，直接喷洒在被防护金属的表面上，然后用蜡纸或塑料袋密封包装。也可将缓蚀剂溶液喷洒在包装箱内壁或缓冲材料上，然后将整个包装箱密封。

4）气相薄膜法。是指将含有气相缓冲剂的黏合剂涂于聚丙烯等合成树脂的薄膜上。使气相薄膜封贴金属材料，可以长期防锈，必要时可以随时剥除，不影响加工性能。

（3）可剥性塑料防锈法。可剥性塑料是以塑料为成膜物质，配以增塑剂、稳定剂、缓蚀剂等物质组成的防锈涂料。其特点是形成的塑料膜并不与金属制品结合在一起，而是处于互不粘连的状态，很容易剥掉。使用可剥性塑料防锈对各种金属制品都有良好的防锈效果，而且防锈期长，不但适用于小件制品的封存，而且对大型设备的保护也非常适用。因此，可剥性塑料防锈是一种很有发展前途的防锈方法。

二、金属除锈

金属除锈有物理方法和化学方法两种。

1．物理方法金属除锈

物理方法金属除锈是指利用机械摩擦除去锈层的方法，又分为人工除锈与机械除锈两种方法。

（1）人工除锈法是指人工使用钢丝刷、砂纸、砂布等打磨锈蚀物表面而除掉锈层的方法。对于比较粗糙的钢制品，可以使用钢丝刷或粗砂布打磨；一般精度的金属制品及零件，可用细砂布打磨；表面有镀层或经过抛光的金属制品，可用纱布蘸抛光剂、去污粉等打磨。这种方法的优点是简单易行、成本低；缺点是劳动强度大，工作效率低、质量不稳定、劳动环境差。

（2）机械除锈法是当前应用比较广泛的一种除锈方法，其原理是利用冲击和摩擦作用有效地除掉锈蚀及污物。常用的工具有手提式电动砂轮、电动刷、风动刷、除锈枪等。该法的优点是除锈质量、效率都较高，但缺点是这些工具还需要人工操作，劳动强度较大，对几何形状复杂及精密零件不太适用，也不适合大规模除锈的需要。当前应用较广泛的还是喷射和抛丸两种处理锈污的方法。

1）喷射处理主要是喷砂、喷丸、真空喷砂、高压水砂以及高压水等。

2）抛丸处理是一种利用高速旋转抛丸器的叶轮抛出的高速铁丸（或其他材料的弹丸）的冲击，与被清理零件表面相互摩擦而达到除锈的目的。

2. 化学方法金属除锈

化学除锈一般是采用酸洗法，即使用无机酸如盐酸、硫酸及磷酸等，并使用缓蚀剂以减少基体金属的溶解。特殊钢或非铁金属则常用混合酸或草酸、铬酸、柠檬酸等。

（1）硫酸酸洗。一般情况下，钢铁大都使用硫酸酸洗。浓硫酸有很强的氧化性，为无色油状液体，无气味，与水混合放出大量的热，硫酸还可以用来清洗不能用盐酸酸洗的不锈钢和铝合金零件。

（2）盐酸酸洗。盐酸也是酸洗中常见的酸，为无色透明液体，暴露在空气中后冒烟，有刺激性酸味。故使用时一般稀释一倍再用。一般在室温下作业，即使加热也不能超过40℃。盐酸不能用来清洗不锈钢和铝合金，因为其中的氯离子是能局部破坏钝化膜的活性离子，是造成小孔腐蚀的主要因素。盐酸除锈较硫酸快，渗氢影响亦较小，溶液中又无残渣、酸泥等，作业比较方便。

（3）磷酸酸洗。磷酸的价格较硫酸、盐酸高很多，故虽有许多优点，但酸洗中并不常用。而且酸洗作用较慢，故不用于除氧化皮，而仅用于去除薄锈。在除锈后形成有保护作用的磷酸盐膜，故常用于涂装和防锈油涂覆的前处理。

（4）硝酸酸洗。浓硝酸为无色透明液体，在空气中冒烟，有刺激气味，有很强的氧化性，浓度越大，氧化性越强，对人体有强烈的腐蚀作用。涂装前钢铁件除锈很少采用硝酸，但是对于不锈钢构件，硝酸清洗更为合适。硝酸用于清洗铜锈，效果非常好。

（5）氢氟酸酸洗。氢氟酸为无色发烟液体，有刺激气味，有毒，不能用手接触，具有强腐蚀性，能强烈的腐蚀玻璃或含硅化合物，因此一般密封在聚乙烯塑料容器中。氢氟酸是很好的铜类清洗剂，其残液便于处理，用石灰中和即可。

（6）有机酸酸洗。常用的酸洗剂有柠檬酸、乙二胺四乙酸、氨基磺酸和羧基乙酸等。采用有机酸酸洗成本较高，操作温度较高，时间较长，但有其优点。这些有机酸清洗主要依靠络合性，将铁离子以络合的形式将其溶解，从而达到除锈的目的。

知识拓展

一、电化学法金属除锈

在采用化学浸泡法除锈时，如果同时加入电流，就能够提高除锈的速度与效果。电化学金属除锈法可分为阴极法和阳极法，目前在实际应用中多采用阴极法。

这是因为阳极法若控制不当会把工件表面的金属溶解，改变工件的尺寸。阴极除锈就是把工件作阴极另设辅助阳极，在电解溶液中通电后，作为阴极的工件表面即产生大量的气体，气泡冲刷表面的氧化物使其在溶液中溶解，加速了除锈的过程。另外，由于其电力线分布的不均匀，也不适合处理形状复杂的工件。为了克服上述不足，可以在电解液中加入铅、锡等金属离子。最后，除锈工件的表面上沉积有铅或锡膜，可以在碱性溶液中进行阳极处理去除。

对于表面形状复杂且有较厚氧化皮及油污的工件可采用电化学综合除油除膜的处理方

法，首先将工件在碱液中进行阳极除油，接着在酸性电解液中进行阴极除锈，最后在碱性液中阳极除铅膜。

二、超声波金属除锈

超声波除锈的工作原理是采用 20kHz 超低频超声波强劲的渗透力振动冲击工件表面氧化层，渗透氧化层厚度达 2 ～ 3mm，结合专用除锈清洗剂使工件表面氧化层在短时间内彻底清除。利用超声波除锈，无需强酸浸泡、加热，可以对形状复杂的工件（如盲孔、腔道、管路等）同时除锈除氧化；在除锈除氧化过程中可实现防锈同步完成，适用于各种铸造、管件（钢铁、铜件、铝件、碳钢等其他金属材料制造的工件）。

超声波除锈清洗机可依据用户对工件的清洗要求设计各种型号，降低了对大型、复杂的工件除氧化清洗的难度，如图 4-13 所示。

图 4-13 超声波除锈清洗机

任务四 防霉、除霉处理技术训练

典型工作任务

制定仓储货物防霉、除霉处理方案。

工作任务描述

梅雨季节来临，空气湿度加大，某物流公司储存的货物出现了一定的发霉现象，为了应对这一紧急情况，请制定相应的货物防霉、除霉处理方案。

技能训练活动

一、技能训练

（1）全班按照 5 ～ 10 人一组进行分组，每组选出组长。

（2）每组成员分工查找相应的防霉、除霉处理相关资料。
（3）根据任务描述，制定防霉、除霉处理的方案。
（4）每组展示防霉、除霉处理方案。

二、作业展示及点评

根据技能训练活动要求以及作业展示的内容与质量进行评分，并将得分填入表4-5中。

表4-5　货物防霉、除霉处理能力评价评分表

考评人	被考评人		
考评地点			
考评内容	物资防霉、除霉处理		
考评标准	内容	分值	实际得分
	正确涂刷防霉剂	20	
	正确喷洒防霉剂	10	
	正确放置防霉剂	10	
	找出库内长霉物资	10	
	正确晾晒	20	
	正确除去霉迹	20	
	遵守相关安全规定	10	
合计		100	

注：考评满分为100分，85分以上者为优秀；75～84分为良好；60～74分为及格；60分以下为不及格。

知识链接

货物的霉腐是指在某些微生物的作用下，引起货物生霉、腐烂和腐败发臭等质量变化的现象。

一、常见的致霉变微生物

引起货物霉变的物质主要有真菌、细菌、酵母菌等微生物。真菌分为曲霉、毛霉、青霉、根霉、木霉五种。曲霉又分为棒曲霉、灰绿曲霉、黑曲霉三种。真菌是菌丝，但单个真菌人们无法用肉眼看见，千千万万的各种不同的真菌集中生长繁殖在物体上，才可以清楚地看见毛状、绒状、网状物或斑点。细菌主要是破坏含水分较大的动植物货物，对日用品、工业品也有一定影响。酵母菌主要引起含有淀粉、糖类的物质发酵变质，对日用品、工业品也有直接危害。酵母菌是单细胞的低级生物，当商品的水分、温度增加，酵母菌分泌酵素，分解破坏货物的有机成分，使商品发出酵酒气味。除了真菌、酵母菌外，还有黑腐病菌等细菌也会使货物变质。

二、常见易霉腐货物

由于糖类、蛋白质、油脂和有机酸等物质是微生物生长繁殖所必需的营养物质，因此，凡是生物制品如植物的根、茎、叶、花、果及其制品，在适宜于菌类生长的条件下都易发生

霉变。矿产品、金属货物其本身虽不会发霉，但如沾染污垢或以生物为原料制成的附件、配件，在一定条件下，菌类也会生长。一般仓库中，主要有下列各类商品容易生霉。

棉麻、纸张等含纤维素较多的货物；鞋帽、纸绢（含糨糊、浆料）等含淀粉的货物；皮毛、皮革、丝毛织物等含蛋白质较多的轻纺工业货物；鱼肉蛋乳及其制品等含蛋白质较多的食品货物；烟酒糖茶、干鲜果菜等含多种有机物质的货物。

三、影响霉腐微生物生存的外部条件

霉腐微生物的生存必须有一定的外界条件，否则就不能生存。因此，要用科学的方法保管货物，使霉腐微生物得不到适宜的生存条件。

1. 水分和空气湿度

当湿度与霉腐微生物自身的要求相适应时，霉腐微生物就生长繁殖旺盛，反之则处于休眠状态或死亡。试验证明，当空气相对湿度达到 75% 以上时，多数货物的含水量就可能引起霉腐微生物的生长繁殖。因而通常把 75% 的相对湿度叫做货物霉腐临界湿度。

各种霉腐微生物生长繁殖的最适宜相对湿度，因菌属不同略有差异。一般细菌和酵母菌，在空气相对湿度达到 90% 以上的环境中才能正常发育繁殖。多数真菌生长的最低相对湿度为 80%；在相对湿度低于 75% 的条件下，多数真菌不能正常发育。所以，储存环境的空气湿度低于 75% 时，多数商品不易发生霉腐。水果、蔬菜等本身含水较多的食品，对湿度要求比一般商品高，储存适宜湿度为 85% ～ 90%，但温度不宜过高。

2. 温度

根据微生物对温度的适应能力，可将其分为低温性微生物、中温性微生物和高温性微生物。每一类型的微生物对温度的要求又分为最低生长温度、最适生长温度和最高生长温度。超过这个范围其生长会滞缓或停止。具体要求见表 4-6。

表 4-6 不同类型的微生物生长繁殖对温度的要求

类　型	最　低　限	最 适 温 度	最　高　限
低温性微生物	0℃	5 ～ 10℃	20 ～ 30℃
中温性微生物	5℃	25 ～ 37℃	45 ～ 50℃
高温性微生物	30℃	50 ～ 60℃	70 ～ 80℃

霉腐微生物大多是中温性微生物，最适生长温度为 20 ～ 30℃，在 10℃以下不易生长，在 45℃以上停止生长。由此看出，高温和低温对霉腐微生物生长都有很大的影响。据研究，低温对霉腐微生物生命活动有抑制作用，能使其休眠或死亡；高温能破坏菌体细胞的组织和酶的活动，持续 5min 就会死亡。许多细菌在 60℃条件下，10min 就会死亡。而个别细菌具有耐寒性，如鱼类的腐败菌中，有的在 −7℃的条件下仍然生长。

3. 光线

日光对于多数微生物的生长都有影响。多数霉腐微生物在日光直射下经 1 ～ 4h 即能大部分死亡。所以货物大都是在阴暗的地方才容易霉腐。日光的杀菌作用，主要是日光中的紫外线能强烈破坏细胞菌和酶。一般微生物在紫外线灯下照射 3 ～ 5min 就会死亡。

4. 溶液浓度

多数微生物不能在浓度很高的溶液中存活与生长。因为浓度很高的溶液能使细胞脱水，造成细胞质与细胞壁分离，使其失去活动能力甚至死亡。例如能使蛋白质腐败的细菌，在10% ~ 15% 的食盐溶液中多数不能生长；能引起食物中毒的霉腐微生物，在 6% ~ 9% 的食盐溶液中也不能生存。另外多数霉腐微生物在 60% ~ 80% 的糖溶液中也不能生存。因此，盐腌和蜜饯食品一般不易腐烂。但也有少数微生物对浓度高的溶液有抵抗能力，如蜜酵母能引起蜜饯食品的变质；嗜盐杆菌能使盐腌食品腐败。

5. 空气成分

多数霉腐微生物特别是真菌，需要在有氧条件下才能正常生长，在无氧条件下不形成孢子。二氧化碳浓度的增加不利于微生物生长，如果改变货物储存环境的空气成分，比如使二氧化碳逐渐增加，使氧逐渐减少，那么微生物的生命活动就会受到限制，甚至导致死亡。真菌中的某些青霉和毛霉，当空气中的二氧化碳浓度达到 20% 时，死亡率就能达到 50% ~ 70%，二氧化碳在空气中浓度达 50% 时将全部死亡。

四、商品霉腐的防治

（1）加强入库验收。易霉货物入库，首先应检验其包装是否潮湿，货物的含水量是否超过安全标准值。易霉货物在保管期间应特别注意勤加检查，加强保护。

（2）加强仓库温度和湿度管理。要根据货物的不同性质，正确地运用密封、吸潮及通风相结合的方法，管好库内温度和湿度，特别是在梅雨季节，要将相对湿度控制在不适宜真菌生长的范围内。

（3）选择合理的储存场所。易霉变货物应安排在空气流通、光线较强、比较干燥的库房，并应避免与其他含水量大的货物储存在一起。

（4）合理堆码，下隔防潮垫，货物堆垛不应靠墙靠柱。

（5）货物进行密封。

（6）仓库里的积尘能够吸潮，容易使菌类寄生繁殖，应当做好仓库的日常清洁卫生工作。

（7）根据需要使用化学药剂防霉。对已经发生霉腐但可以救治的商品，应立即采取措施，以免霉腐继续发展，造成严重损失。根据商品性质可选用晾晒、加热消毒、烘烤、熏蒸等办法进行防霉除腐。

知识拓展

我国大部分地区特别是长江中下游地区，每年入夏后由于气温升高，空气中水汽含量增加，特别是进入梅雨和汛期后，不仅会感到闷热难当，还常发现家中物品特别容易发生霉变，如不及时采取措施，物品会因生霉而变质，造成较大损失。

一、微生物的属性分类

根据微生物对物品的作用及对人类的影响，可分为四大类：

（1）病原微生物。它是指那些让人类致病的微生物群，例如感冒病毒等。

（2）腐败微生物。它是指那些使动植物食品等腐败变质的微生物群，例如细菌、真菌和酵母等。

（3）中性微生物。这类微生物的存在对人类既无害又无益。

（4）有益微生物。它是指对人类有益的微生物群。

二、真菌及其生存温度条件

物品之所以发生霉变，是因为物品（如食品、烟、纺织品等）上的微生物在一定的温度和湿度条件下的繁殖生长而造成的。而通常引起物品霉变的真菌又可细分为毛霉属、根霉属、曲霉属、红曲霉属四类。

（1）毛霉属在常温下即能繁殖，几乎在土壤中、长霉的材料上、空气中和各种粪便中都能找到。

（2）根霉属中的黑根霉最适宜的温度在 30℃～35℃，超过 37℃时不能生长；而无根霉发育温度为 30℃～35℃，最适宜温度为 37℃，超过 41℃时不能生长。

（3）曲霉属具有分解有机物质的能力，最适宜的温度为 37℃。有研究表明，黄曲霉的某些菌可产生黄曲霉素，特别易于在花生、玉米或花生饼粕上形成，能引起家禽、家畜严重中毒以致死亡，并能致癌。

（4）红曲霉属生长温度范围为 26℃～42℃，最适宜温度为 32℃～35℃。

由此可见，导致物品霉变的适宜环境温度一般在 26～37℃之间，当温度达 40℃以上时，大部分真菌将不能生长。

三、控制真菌生长的温度和湿度条件

物品发生霉变与环境温度有关，且与自身含水量及空气中水汽含量相关。不同物品发生霉变对温度和湿度条件要求不一。例如当粮库温度在 20℃～35℃、相对湿度≥ 80% 时，粮食就容易发生霉变；烟卷等物资当外界气温达 15℃，相对湿度≥ 85% 时就会发生霉变；当气温达 30℃，相对湿度≥ 70% 时也会发生霉变。也就是说，当温度较高，空气中相对湿度较低时，真菌也能依附在物体表面繁殖生长。而对除食品类外的其他大部分货物而言，当温度＜ 30.0℃、相对湿度＜ 80% 时，就不易发生霉变。

真菌不但喜温喜湿，而且还耗氧。但是对与大部分仓储货物而言，考虑储存成本，不可能将其存放在密封的无氧环境中，所以为避免货物因存放生霉腐烂变质所带来损失的有效途径就是改变其环境的温度和湿度状况。因此，研究货物储存空间的霉变气象指数并做出预报显得尤为重要。

分析表明，我国南方地区夏季（5～9 月）约有三分之一的时间有利于发生霉变，其温度和湿度搭配易导致库房内大部分仓储货物霉变。尤其在 7、8 月，温度和湿度条件有利于物品发生霉变的概率达 60% 以上，而其他时段均在 20% 以下。由此可见，物品易发生霉变的时段主要集中在 7、8 月。因而在此期间，要经常检查库内存放的货物。有条件的库房要降温降湿，并积极利用晴好天气及时清洗、晾晒已发霉货物，以避免库内已发霉货物因久存而腐烂变质以及向其他货物传播真菌，从而减轻因霉变所带来的损失。

项目五　特殊货物的存储与养护

教学目标

能对特殊货物（危险货物、冷藏货物和粮食）进行必要的存储与养护。

案例导入

管理混乱，花炮厂爆炸酿惨剧

某县花炮厂发生特大爆炸事故，造成30多人死亡，其中在校中小学生10多人，不在校的未成年人2人；还有10多人受伤，其中重伤2人。事故的起因是该厂接到一笔爆竹生产订单。因时间紧、任务重，为完成订单，企业主采取增加加工费等方法催促工人加班加点，还雇用一部分未经任何培训的人员到厂务工。事故发生当天，配药工李某违反操作规程，造成火药摩擦起火，引起爆炸。车间内当日存放的成品和半成品及原料火药量严重超标，直接爆炸源引发周围堆放的成品、半成品和原料接连爆炸，导致严重人员伤亡。

点评： 危险品的生产存储需要有严格的管理制度。该厂生产管理十分混乱，没有建立安全生产责任制，安全生产规章制度和操作规程缺失，没有设置安全管理机构和配备专职的安全检查人员，从业人员未经安全教育和培训就上岗从事危险性工作。这次事故看似偶然的悲剧，其实是管理混乱、安全失控的必然结果。

任务一　特殊货物的认识与分类

典型工作任务

能区分哪些是特殊货物并掌握特殊货物的分类原则。

工作任务描述

某地有一个大型仓库，每日出入库货物品种繁多，每一货物的具体保管要求不一，特别是那些特殊的货物。仓库保管员必须能在数以万计的货物中区分出哪些是需要进行特殊存储与养护的货物，以减少或杜绝货物在存储过程中发生损失。

技能训练活动

一、准备工作

（1）收集特殊货物运输和保管方面的资料。
（2）准备一定量的特殊货物的图片。

二、技能训练

（1）全班按照 5 ～ 10 人一组进行分组，每组选出组长。
（2）每组成员分工查找需要特殊存储与养护的货物的相关资料。
（3）根据任务描述，寻找特殊货物区分的方法。
（4）展示每组特殊货物的认识与分类成果。

三、作业展示及点评

根据技能实训活动要求以及作业展示的内容与质量进行评分，并将得分填入表 5-1 中。

表 5-1　特殊货物的认识与分类实训评分表

考评小组		被考评小组	
考评地点			
考评内容			
考评标准	内　　容	分　　值	实际得分
	资料整理程度	30	
	特殊货物区分情况	30	
	对特殊货物的认识程度	40	
合　　计		100	

注：考评满分为 100 分；85 分以上为优秀；75 ～ 84 分为良好；60 ～ 74 分为及格；60 分以下为不及格。

知识链接

一、特殊货物的概念

特殊货物是指在存储与养护的过程中需要根据货物的特殊性能而进行特殊养护的货物。必须根据它们的物理、化学和生物性能的特点，来选择合适的仓库，并根据收发和保管方面的需要配备相应的技术设备。本节中以常见的特殊货物：危险货物、冷冻货物和粮食为例来进行简单介绍。

二、特殊货物的分类

1. 粮食储藏

粮食储藏与食品存储管理有本质的区别，因此按照分类原则将粮食归于特殊货物分类。

粮食储藏是指粮食离开生产领域，尚未进入消费领域，而在流通领域停留的阶段。它是粮食流通中一个重要的环节。通过粮食储藏，就形成了粮食储备。它是重要的战略物资，是国家发挥宏观调控作用、保障市场正常流通的重要保证。

鉴于粮食储备的重大意义，在粮食储藏工作过程中需要做到科学保粮，即按照粮食的变化规律，做到安全储藏，避免或减轻虫、霉、鼠、雀等危害造成的损失，抑制或减缓粮食陈化的速度，减少其损耗，降低保粮费用，减轻劳动强度，保证工作人员的身体健康等所采取的一些安全、经济、简便和有效的保粮方法和措施。同时还要坚持“以防为主、综合防治”的保粮方针，分别采取清洁卫生、物理机械、化学药剂、温控储藏等措施，因地制宜，从实际出发进行综合治理，确保粮食储备的安全。

2. 危险货物

危险货物是指具有自燃、易燃、爆炸、腐蚀、毒害、放射性等性质的货物（见图 5-1）。

（1）爆炸品是指凡在外界作用下（如受热、受压、受撞击）能发生剧烈的化学反应，瞬时产生大量的气体和热量，使周围压力急剧上升而发生爆炸的物品。例如火药、叠氮钠（NaN_3）、雷汞等。

（2）压缩气体和液化气体。在一定温度下加压液化后充装在钢瓶里的气体叫压缩气体，常见的有氧气、氮气、石油液化气等。

图 5-1　待运危险货物

（3）易燃液体是指在常温下容易燃烧的液态物质。凡是闪点在 45℃以下的液态物质均属于易燃液体，其中不少属于石油化工产品。常见的有汽油、苯、乙醇、丙酮、甲醛、乙醚、香蕉水、煤油等。

（4）易燃固体、自燃物和遇水可燃物。

1）易燃固体多为化工原料及其制品，其燃点低、易燃烧或爆炸、并放出有毒气体。例如红磷（火柴、农药）、硝化纤维素，包括硝化棉、胶棉、硫黄、金属粉末（镁粉、铝粉）等。

2）自燃物如白磷、铝粉，其燃点低、自燃且燃烧猛烈，氧化速度快，危害性大。

3）遇水可燃物：凡遇雨水或潮湿空气能分解而产生可燃气体，同时放出大量热量使可燃气体猛升到自燃点，从而引起燃烧爆炸的物质均称为遇水可燃物，如碳化钙（电石）等。

（5）氧化剂和有机氧化剂具有较强的氧化性能，分解温度在 500℃以下，遇酸、碱、潮湿、高温、摩擦、冲击或与可燃物还原剂等接触而发生分解并引起燃烧和爆炸，例如过氧化氢（俗称双氧水）等。

（6）毒害品是指重铬酸钾、重铬酸钠等，主要用于电镀，染料，制作皮革、陶瓷等，可轻易穿透皮肤，破坏细胞与 DNA，具有致癌性。例如有机农药、有机氯、有机磷、有机氟等。

（7）放射性物品是含有放射性核素，并且物品中的总放射性含量和单位质量的放射性含量均超过免于监管的限值的物品，例如金属钍（核燃料）、铀、钚等。放射性物质放出的射线有三种，分别是 α 射线、β 射线和 γ 射线。在大剂量的照射下，其放射性对人体和动物存在着某种损害作用。比如在 400rad 的照射下，受照射的人有 5% 死亡；若照射 650rad，则人 100% 死亡。照射剂量在 150rad 以下，死亡率为零，但并非无损害作用，往往需经 20 年以后，一些症状才会表现出来。放射性也能损伤遗传物质，主要在于引起基因突变和染色体畸变，使一代甚至几代人受害。

（8）腐蚀品是指与皮肤接触 4 小时出现坏死现象，温度在 55℃时，对 20 号钢的表面切面腐蚀超过 6.25mm 的固体或液体。

3．冷藏货物

冷藏货物主要有以下物品。

（1）冷冻货物，主要包括冷冻畜禽肉类、冻鱼和水产品、冷藏水果和蔬菜、冰淇淋和奶制品。

（2）保鲜水果和蔬菜。

（3）温度敏感货物。温度敏感货物指在存储期间温度必须保证在其冰点或损害点 1℃之内的货物。这类货物主要是保鲜肉类、根茎蔬菜（如胡萝卜）、水果（如橙、香蕉）和一些活植物。

（4）一般冷藏货物主要有巧克力和温控货物。

1）巧克力要用非常清洁、无味的冷箱装载，并在适宜的温度下运输。低温有助于保证质量，防止其融化。不同品种的巧克力，温度通常设置在 8℃～ 18℃。运输期间有造成巧克力表面出现极小“花纹”的风险，虽然颜色看起来没有改变，但是会影响质量。运输与存储时的相对湿度要求保持在 65%。

2）温控货物是指货物在存储和运输期间要求保持稳定的温度的货物，如电影胶片、药品和食品，要避免失效、结块和变质，其温度应设置为 -2℃～ 30℃。

知识拓展

随着社会的发展，有一些新的货物列入了特殊货物的行列：合成洗涤剂、化妆品和塑料制品等。

一、合成洗涤剂

合成洗涤剂是以合成洗涤表面活性剂为主要成分配制而成的一种家用洗涤剂。合成洗涤剂是含有有机成分和无机成分的混合物，是一种化学配制剂，如图 5-2 所示。

图 5-2　合成洗涤剂

1．合成洗涤剂的组成

合成洗涤剂是以合成洗涤表面活性剂为主要成分并添加助洗剂的多成分混合物。

（1）合成洗涤表面活性剂。合成洗涤表面活性剂的种类可达数千种。不同种类的合成洗涤表面活性剂的性能特点和用途均有差异。根据合成洗涤表面活性剂在水溶液中离解出来的表面活性离子的电荷不同，可分为阴离子型、非离子型、两性离子型、阳离子型四大类。用于洗涤衣物的一般为前两类。

（2）助洗剂和辅助剂。为了提高和改进合成洗涤剂的综合性能，通常需要加入各种助洗剂和辅助剂。

1）三聚磷酸盐是很好的硬水软化剂，还能提高污垢悬浮的能力和洗净效果，能保持洗衣粉的干爽流动性而不易吸潮和结块，但它对水质的污染已引起国际广泛重视。“无磷化”将是洗涤业的发展趋势。

2）硅酸钠能有效地抑制洗衣粉中磷酸盐对洗衣机金属表面的腐蚀，使溶液保持一定的 pH 值，有一定去污能力，并使粉粒保持干爽、不结块。

3）纯碱即碳酸钠，可提高棉麻织物洗涤剂对油性污垢的去污能力。

4）硫酸钠主要用作填料，降低成本。

5）抗再沉积剂多为水溶性高分子胶体，使污垢质点不再沉积在织物上。

6）过氧酸盐起漂白、化学法去除污斑作用。

7）荧光增白剂种类很多，起增白或增鲜艳作用。

8）酶制剂能将洗涤剂去污能力提高 30% ～ 60%。

此外，还有植物柔软剂，皮肤保护剂，香料、色素等助洗剂和辅助剂。

2. 合成洗涤剂的主要品种

目前，市场上销售的合成洗涤剂有合成洗衣粉、液体合成洗衣剂、浆状洗衣剂、块状洗衣剂、洗发剂、餐具洗涤剂、卫浴洗涤剂等品种。

（1）合成洗衣粉是合成洗涤剂中的主要产品，种类较多。其特点是空心粉粒状，易溶解、干爽、流动性好、耐保存、不易结块。

（2）液体合成洗衣剂是合成洗涤剂中的第二大类。其洗涤表面活性剂是阴离子型和非离子型，用量为 5% ～ 40%。棉麻类液体洗涤剂的 pH 值约为 10；通用类液体洗涤剂的 pH 值为 7 ～ 9，毛织物洗后有柔软感，合成纤维织物洗后有短期抗静电效果。液体合成洗衣剂使用方便，生产消耗少，因此发展较快。

（3）浆状洗衣剂是一种均匀而黏稠的胶体。洗涤效果与同类洗衣粉相同，由于组分中减少填充剂用量，提高含水量，因此价格便宜。

（4）块状洗涤剂是添加了一定量松香、石蜡、滑石粉等黏合剂的块状制品，外观平滑光亮，色泽洁白或微黄，去污力强，携带方便，如洗衣皂、香皂等。

（5）洗发剂主要是指洗发香波，是以能够去除头发污垢为目的的专用洗涤剂，性质较柔和，不会过多除去发表皮脂，不刺激头皮。

（6）餐具洗涤剂是指专门用于洗涤碗碟和水果蔬菜的合成洗涤剂。它一般为液体洗涤剂，碱性小、泡沫多、使用方便，各种成分的无毒安全性均符合国家食品卫生法及有关卫生法规的规定。

（7）卫浴洗涤剂是指专门用来清洁门窗、瓷砖、浴盆、家具等硬表面污垢的洗涤剂，如厨房、浴室清洁剂等。这种洗涤剂的表面活性剂含量不高，一般加入相当量的有机溶剂，属于碱性洗涤剂。

二、化妆品

化妆品是一种修饰人们的外貌、增加容貌美观且具有芳香气味的日用品。它是由脂肪性原料、甘油碱类、香料、色料、营养物质、药物、水等各种成分按不同配方经过化学方法加工而制成的具有不同用途的一类日用品。我国《化妆品卫生监督条例》第二条中关于化妆品的定义是“本条例所称的化妆品，是指以涂擦、喷洒或者其他类似的方法，散布于人体表面任何部位（皮肤、毛发、指甲、口唇等），以达到清洁、消除不良气味、护肤、美容和修饰目的的日用化学工业产品。”

1. 化妆品的作用

随着社会的发展和进步，化妆品日益广泛地渗透到人们的日常生活中，其作用主要表现如下：

（1）清洁作用。化妆品能温和地清除皮肤及毛发上的污垢，使之保持清洁健康状态。

（2）保护作用。化妆品能有效地保护皮肤，使之光滑、柔润、防干燥、防开裂；保护毛发使之光泽柔顺，防枯、防断。

（3）营养作用。化妆品能维系皮肤及毛发的水分平衡，补充易被皮肤和毛发吸收的营养物质及清除致衰老因子，以延缓衰老。

（4）美容作用。化妆品经涂抹后，可遮盖瑕疵，美化面部皮肤（包括口唇、眼周）及毛发（包括眉毛、睫毛）和指甲（趾甲），使之光彩耀人，富有立体感和青春魅力。

（5）特殊作用。除上述作用之外，一些具有特殊用途的化妆品还具有增白、亮肤、育发、染发、烫发、脱毛、丰乳、健美减肥、除臭、祛斑、去痤疮、防晒等作用。

2. 化妆品的种类

化妆品的种类繁多，国内外对化妆品没有统一的分类方法，一般常用的分类方法有以下几种。

（1）按化妆品的功能分类。

1）清洁类。它是用以除去皮肤、毛发上污染物的化妆品，例如洗面奶、沐浴露、洗发水、清洁面膜、磨砂膏、去死皮膏等。

2）护理类。它是用以保护皮肤及毛发的化妆品，能在其表面形成薄膜（或脂膜），防止皮肤粗糙干裂，使毛发光泽、易梳理，例如各种化妆品水（露）、乳（蜜）、霜、脂、护发素、发油、发乳等。

3）营养类。它是用以营养皮肤及毛发，可保护皮肤角质层含水量，增进血液循环，清除过剩的氧自由基，延缓皮肤衰老的各类化妆品，例如添加了维生素、水解蛋白、中草药、透明质酸等生物活性成分的霜、乳、露等。

4）美容类。它是用于美化皮肤及毛发的化妆品，例如粉底、遮瑕霜、唇膏、胭脂、眼影、眉笔、发胶、彩色焗油等。

5）芳香类。用于身体及毛发，能散发芳香气味的化妆品，例如香水、花露水等。

6）特殊用途类。介于化妆品和药物之间，用于助长毛发生长，减少脱发、断发，改变毛发颜色，改变毛发弯曲程度，减少、消除体毛，消除腋臭，减轻皮肤表面色素沉着，可吸收紫外线，减轻因日晒引起的皮肤损伤的功能性化妆品，例如各种生发剂、染发剂、冷烫精、脱毛膏、丰乳霜、减肥霜、腋下香露等。

（2）按使用的部位分类。

按使用的部位可分为皮肤用化妆品、黏膜用化妆品、头发用化妆品、指甲用化妆品、口腔用化妆品等。

（3）按产品形态分类。

1）液态化妆品。常见的液态化妆品有化妆水、各种乳剂和油剂。它们是由水、油或酒精配入其他成分制成的，为了促进加入物质的溶解，还常常加入助溶剂。

2）固体化妆品。固体化妆品最基本的类型是膏类、霜类、粉类、胶冻状、硬膏状（如唇膏）、块状（如粉饼、胭脂、香皂）、锭状、笔状和胶囊状等。

三、塑料制品

塑料制品是以合成树脂为主要原料生成的塑料粉或颗粒，经过成型，有的还经过修饰、装配等加工而制成的日用工业品，具有质轻、耐冲击、耐酸碱盐及水的腐蚀、不导电、不透水、有光泽、易装饰、易加工、成本低等优点，在日常生活中应用十分广泛。塑料由合成树脂和辅助剂两部分组成。合成树脂是塑料的主要成分，是用化学合成方法制取的，质量占塑料的40%～100%。它决定塑料的类型、化学性质和物理机械性质。常用的辅助剂主要有增塑剂、稳定剂、润滑剂、抗静电剂、交联剂、填充剂、增强剂、发泡剂、着色剂、防霉剂等。

1. 塑料的分类

（1）按塑料的用途可分为通用塑料、工程塑料和特种塑料。

1）通用塑料是指产量大、价格便宜、成型性好、应用广泛的塑料。通用塑料占塑料总产量的75%以上，多为民用，例如聚乙烯塑料、聚丙烯塑料、聚氯乙烯塑料等。

2）工程塑料是指具有相当强度及刚性，可作为工程结构、机械部件等的材料，例如聚酰胺塑料、ABS塑料、玻璃纤维增强材料等。

3）特种塑料是指具有特殊性能的塑料，一般价格较贵，例如耐辐射塑料、超导塑料、感光塑料等。

（2）按塑料的受热特性可分为热塑性塑料和热固性塑料。

1）热塑性塑料是指具有加热软化、冷却硬化特性的塑料。这种塑料受热能软化熔融，塑成一定形状，冷却后固结成型。这种变化可多次反复进行。日常生活中使用的大部分塑料都属于此类。常见的热塑性塑料有聚乙烯塑料、聚丙烯塑料、聚氯乙烯塑料等。

2）热固性塑料是指在一定条件（如加热、加压）下能通过化学反应固化成不熔（不溶）性的塑料。成型后受热不再软化变形，只会炭化，其废旧制品无回收再利用价值。常用的热固性塑料有酚醛塑料、聚氨酯塑料、环氧塑料、不饱和聚酯塑料、呋喃塑料、有机硅树脂、丙烯基树脂等和以改性树脂为机体制成的塑料。

2. 常用塑料制品的鉴别

（1）感官鉴别法。塑料的品种不同，其外观特征也不一样。根据塑料的不同外观特征，能基本判断出塑料的品种，这种方法就是感官鉴别法，也叫简易鉴别法。

1）聚乙烯塑料为乳白色半透明体，手摸有滑腻感，外观呈石蜡状，质地柔软能弯曲，放入水中能浮出水面，在沸水中显著软化。

2）聚丙烯塑料本色为乳白色半透明体，手摸润滑但无滑腻感，质地硬且有韧性，放入水中能浮出水面，在沸水中软化不显著。

3）聚氯乙烯塑料外形形式较多，硬质塑料坚硬平滑，色泽鲜艳，敲击时声音发闷；半硬质塑料富有弹性，放入水中能下沉；薄膜制品透明度高，遇冷变硬变脆，有特殊气味。

4）聚苯乙烯塑料表面坚硬有光泽，透明度高，敲击时声音发脆如金属声，色泽鲜艳，质地较脆，扭折时容易碎裂。

5）有机玻璃外观似水晶，透明度高，色彩鲜艳，有韧性，敲击时声音发闷。用柔软物摩擦有机玻璃制品表面会产生水果香味。

6）酚醛塑料表面坚硬，质脆易碎，断面结构松散，为黑色或棕色不透明体，敲击时有木板声。

7）脲醛塑料表面坚硬，质脆易碎，断面结构紧密，颜色鲜艳，大都为浅色半透明体。

8）蜜胺塑料表面光滑，坚韧结实，外观似瓷器，可着成各种颜色。

9）ABS 塑料表面硬度较高，有弹性，断面结构紧密，表面易于电镀。

（2）燃烧鉴别法。燃烧鉴别法是将塑料试样放在火焰上燃烧，仔细观察其燃烧的难易程度、火焰颜色、气味和冒烟情况、熄灭后塑料的色泽、形态等，根据其燃烧特征可大致确定其分类。常见塑料的燃烧特征如下：

1）聚乙烯塑料容易燃烧，火焰上端为黄色，下端为蓝色，燃烧同时有熔融物滴落，离火后能继续燃烧，有石蜡燃烧的气味。

2）聚丙烯塑料燃烧性能与聚乙烯相似，但火焰上端有少量黑烟。

3）聚氯乙烯塑料难燃烧，在火焰上能够燃烧，离火即灭，火焰呈黄色、有刺激性酸味。

4）聚苯乙烯塑料容易燃烧，为橙黄色火焰并冒浓黑烟，离火后能继续燃烧，有聚苯乙烯单体味。

5）有机玻璃容易燃烧，为浅蓝色火焰，顶端呈白色，离火后能继续燃烧，有水果香味。

6）酚醛塑料在火焰上能慢慢燃烧，塑料膨胀开裂，为黄色火焰，离火后能自动熄灭，有木材和酚醛味。

7）脲醛塑料难燃烧，在火焰上膨胀开裂，为黄色火焰，离火后自动熄灭，有甲醛气味。

8）ABS 塑料容易燃烧，为黄色火焰并冒黑烟，离火后能继续燃烧，有特殊香味。

任务二 粮食的存储

典型工作任务

能正确地对粮食进行存储。

工作任务描述

浙江某市的一家粮油批发公司供应着该市近五分之一人口的粮食，每天的大米消耗为

200t。假如你是这家批发公司的仓库管理员。为了应对浙江的梅雨季节（每年4～5月）的潮湿与高温，你该如何对仓库中的粮食进行妥善的保管，以保证市民能吃到健康新鲜的大米。

技能训练活动

一、准备工作

（1）收集有关粮食存储与运输方面的资料。

（2）准备一个粮食存储方案的范本。

二、技能训练

（1）全班按照5～10人一组进行分组，每组选出组长。

（2）每组成员分工查找粮食存储的相关资料。

（3）根据任务描述，制定大米存储的相应方案。

（4）每组展示大米存储方案的成果。

三、作业展示及点评

根据技能实训活动要求以及作业展示的内容与质量进行评分，并将得分填入表5-2中。

表5-2　粮食存储考核评分表

考评小组		被考评小组	
考评地点			
考评内容			
考评标准	内　容	分　值	实际得分
	资料整理的完整程度与质量	30	
	粮食存储方案的完成情况	30	
	粮食存储知识的认识程度	40	
合　计		100	

注：考评满分为100分；85分以上为优秀；75～84分为良好；60～74分为及格；60分以下为不及格。

知识链接

一、粮食储存的特性

（1）呼吸性和自热性。粮食的呼吸性和自热性与含水量有关，含水量越高，自热能力越强。粮食处于新陈代谢状态，能够吸收氧气和释放二氧化碳。通过呼吸作用，能产生和散发热量。释放出来的二氧化碳在密闭的仓库中聚集，一旦浓度过高就会造成人员窒息。粮食在呼吸作用过程中，本身产生的热量由于库内环境封闭大量堆积而不能散发，致使粮堆内部温度逐渐升高，有利于有害微生物与害虫的生长繁殖与活动。

（2）吸湿性和散湿性。粮食本身含有一定的水分。空气干燥时，粮食中的水分会向外散发，导致库内空气中的湿度增加；当库内的湿度变大时，粮食又会吸收空气中的水分。

（3）吸附性。粮食在进行呼吸作用和吸收水分的过程中，能将外界环境中的气味、有害气体、液体等吸附在粮食内部，不能除去。粮食受异味污染后，因无法除去会导致品质下降甚至损毁。

（4）易受虫害。未经杀虫的粮食中含有大量的昆虫和虫卵、细菌等微生物，在温度和湿度适合时就会大量繁殖，形成虫害。

（5）散落流动性。散装粮食之间不会粘连，在外力作用下，具有自动松散流动的特性。当倾斜角足够大时就会出现流动性。

（6）扬尘爆炸。干燥麸壳、粉碎等粮食粉末等在流动或作业时会扬尘，伤害人的呼吸系统；能燃烧的有机质粮食扬尘在一定的浓度时遇火会发生爆炸。

二、水稻和大米的储存管理

稻谷是我国的主要粮食作物之一，具有悠久的栽培历史。在我国，自北宋以来其产量一直处于五谷之首。亚洲生产稻谷约占世界稻谷总产量的95%；我国的稻谷产量约占世界稻谷总产量的35%，稻谷产量居世界第一。我国稻谷的主要产区分布在长江和珠江流域，仅四川、湖南、湖北、广东、江苏、浙江、安徽和江西8个省的稻谷产量，就占全国总产量的七成以上。

1. 稻谷储存的特性

（1）稻谷籽粒具有完整的稻壳保护，对虫、霉的危害及对湿热的影响具有一定的抵抗能力。

（2）稻谷的后熟期短，容易生芽。一般籼稻无明显的后熟期，粳稻的后熟期仅有4周左右。稻谷含水量25%以上就会发芽。

（3）稻谷容易陈化。

（4）对高温抵抗性较弱。

（5）危害稻谷的害虫主要有玉米象、米象、谷蠹、麦蛾、赤拟谷盗和锯谷盗等。每年春暖以后，约在4～5月害虫便开始繁殖，虫峰期发生在每年高温季节。

（6）寄附在稻谷上的微生物绝大多数是中温、中生、好氧性微生物。

2. 稻谷的储存方法

（1）严格控制稻谷入库质量。新入库的稻谷，杂质不超过0.5%，水分不超过13.5%。粳稻入库安全水分可比籼稻适当放宽0.5%～1%。

（2）加强通风降温。稻谷对高温的抗性差，粮温高，品质劣变速度快，特别是夏粮入库，正值高温季节，要利用机械通风，及时散发谷堆内的湿热。秋稻入库后，要抓紧时机，充分利用冬季寒冷天气，降低粮温，在降温的同时，要防止粮面结露。

（3）适时密闭贮藏。对于一般低水分的稻谷，要在春暖以前做好密闭防潮工作，密闭储藏可延缓粮温回升，有利于安全度夏。

（4）夏粮入库后，可采用自然缺氧储藏、双低储藏或缓释熏蒸技术，即在密封粮堆内，按每立方米用磷化铝 2 ～ 3g 的剂量，采用 0.07mm 聚乙烯薄膜制成小袋将药剂包好，然后埋藏在粮堆上层，待磷化氢缓慢释出，防止虫害和抑制微生物的出现。

（5）稻谷入库时要做好仓库和器材的清洁消毒工作。入库期间和入库后要注意防止害虫感染。一旦发现有虫，就要及时采取措施进行除治。

3. 大米储存的特性

（1）大米容易吸湿返潮，引起发热。

（2）大米容易爆腰，即不规则的龟裂。

（3）容易陈化。随着储藏时间的延长，大米逐渐陈化。

（4）容易发灰。大米在储藏期间，如外界环境湿度大或者大米原来水分高，便会出现发灰现象。

（5）容易感染虫害。

4. 大米储存的方法

（1）常规储藏。主要采用干燥、自然低温、密闭的方法储存。

（2）低温储藏。采用低温储藏是大米保鲜的有效途径。

（3）气调储藏。由人工控制食品储藏环境中空气成分和浓度以延长物品储藏期的一种保鲜方法。

（4）化学储藏。食品化学储藏就是在食品生产、储运过程中使用化学制品（化学添加剂或食品添加剂）来提高食品的耐储藏性和尽可能保持它原有品质的一种方法

三、小麦和面粉的储存管理

小麦是世界性的主食。我国小麦产量仅次于稻谷，主要产区在长城以南，长江以北的黄淮平原，包括河南、山东、河北、山西南部、陕西关中和江苏、安徽的北部。

1. 小麦的储藏特性

（1）后熟期较长。小麦的后熟作用，主要表现为呼吸能力强。新麦入库后，由于生理代谢旺盛，常易导致粮堆“发汗”、升温，如不及时检查发现和采取措施，就会造成粮面结露、霉烂。

（2）耐热性强。小麦有较高的耐热性能，其蛋白质和呼吸酶具有较高的抗热性，小麦经过一定的高温，不仅不会丧失生命力，而且能改善品质。利用小麦耐热性的特点，采取热密闭入库保藏，可以杀虫、防霉。

（3）吸湿性强。小麦的种皮薄，含有大量的亲水物质，容易吸收空气中的水分，在相同的相对湿度下，小麦的平衡水分始终高于稻谷。小麦的吸湿性能又因品种不同而异，红皮小麦皮层较厚，吸湿较慢；白皮小麦皮层较薄，吸湿较快；软质小麦吸湿能力强于硬质小麦。

（4）呼吸强度弱。通过后熟期的小麦呼吸作用微弱，比其他禾谷类粮食的呼吸强度都低，红皮麦比白皮麦的呼吸强度更低。因此小麦有较好的耐储性，正常条件下储藏 2 ～ 5 年仍能保持良好的品质。

（5）易感染害虫。由于小麦无外壳保护，皮层较薄，且新麦入库正值高温季节，适合害虫繁殖。危害小麦的害虫主要有玉米象、麦蛾、印度谷螟、大谷盗等。

2. 小麦的储藏方法

（1）热密闭储藏法。热密闭储藏小麦，可以防虫、防霉，促进小麦的后熟作用，提高发芽率。具体方法是利用夏季高温曝晒小麦，注意掌握迟出早收、薄摊勤翻的原则，在麦温达到42℃以上，最好是50～52℃时，保持2h，然后迅速入库堆放，平整粮面后，用晒热的席子、草帘等覆盖粮面，密闭门窗保温。做好热密闭储藏工作，其一是要求小麦含水量降到10%～12%；其二是要求有足够的温度和密闭时间，入库后粮温在46℃左右，密闭7～10天；粮温在40℃左右，则需密闭2～3周。

（2）严格控制水分储藏法。由于小麦吸湿性能力强，小麦储藏应注意降水、防潮。应充分利用小麦收获后的夏季高温条件进行暴晒，使小麦水分控制在12.5%以下，再行入库。小麦入库后则应做好防潮措施，并注意后熟期间可能引起的水分分层和上层“结顶”现象。

（3）低温密闭储藏。小麦虽能耐高温，但在高温下持续储藏长时间也会降低小麦品质。因此，可将小麦在秋凉以后进行自然通风或机械通风使其充分散热，并在春暖前进行压盖密闭以保持低温状态。低温储藏是小麦长期安全储藏的基本方法。

（4）自然缺氧储藏。目前国内外使用最广泛的方法还是自然缺氧储藏法。

3. 面粉的储藏特性

（1）吸湿性强，储藏稳定性差。面粉发热生霉主要是由于面粉水分高，或面粉吸湿返潮导致面粉微粒的呼吸作用及微生物的呼吸作用增强而引起的。

（2）易成团结块。面粉堆垛储藏一段时间，下层因受中、上层压力的影响而被压成团。

（3）面粉的熟化与变白。面粉出机入库后，大约储藏10～30天，品质有所改善，筋力增强，发酵性好，制成面包体积大且松，面条粗细均匀，食味松软可口，这种面筋改善的作用，称为面粉的熟化。另外，面粉经储藏一定时间，其颜色由初出机时稍带淡黄色而逐渐退色变白，这是由于面粉中脂溶性色素氧化的结果。这样的面粉，营养性能没有改善，相反还有所降低。

（4）面粉发酸变苦。脂肪酸的变化是面粉品质劣变的主要指标。

4. 面粉的储藏方法

面粉储藏的主要技术措施是抓好密闭防潮，合理堆放和严防害虫。面粉安全储藏水分要求控制在13%以内。

（1）密闭防潮。面粉易吸湿，故防潮工作十分重要。

（2）合理堆放。对于新加工的面粉，可先堆小桩，在降温散湿后改成大桩实堆。

（3）严防害虫。危害面粉的害虫有赤拟谷盗、长角扁谷盗、螨类等，虫害多发生在袋口处。

（4）干燥散热。对新加工的面粉要降温、降水处理才能储藏。

（5）翻倒防结块。存放较长时间的面粉要经常翻动，进行疏松处理，防止发热霉变。

知识拓展

一、粮食的分类

粮食是人类主食食料的统称，它包括原粮和成品粮。

1. 原粮

原粮是收获后尚未经过加工的粮食的统称。按照它们的某些植物学特征和化学成分以及用途的不同，又可分为谷类、豆类和薯类。

（1）谷类：如稻谷、小麦、玉米、大麦、燕麦、高粱、粟、黍（稷）等。它们有发达的胚乳，内含丰富的淀粉，一般作为主食食用。

（2）豆类：如大豆、花生、蚕豆、豌豆、绿豆、小豆等。它们的种子无胚乳，但有2片发达的子叶，内含丰富的蛋白质、脂肪或淀粉。豆类在我国一般作为副食食用。对于大豆、花生因其含油量多，通常又可将其列作油料。

（3）薯类：主要是指甘薯、马铃薯和木薯。它们的鲜块根或块茎中含有大量的水分，主要养分是淀粉。它们可以作为主食，也可以作为蔬菜，但木薯需脱毒后才能食用。

2. 成品粮

成品粮是原粮经过碾、磨加工而成的、符合一定质量标准的粮食成品，例如大米、小麦粉、小米、黍米等。一些不需经过加工即可直接蒸煮食用的粮食，如豆类，既可归属于原粮，也可归属于成品粮。

二、粮库的管理

1. 粮库管理工作目标

（1）库存粮食数量真实，不弄虚作假。

（2）质量良好，各项储粮品质指标达标，无质量劣变，不得出现重度不宜存粮；质量指标判定合格率在90%以上，无严重问题粮。

（3）确保储存安全，日常保管及防火、防雨、防汛措施到位，杜绝坏粮及安全生产责任事故。

（4）管理规范，各项规章制度落实到位，仓储管理规范有序，如图5-3所示。

图5-3 粮库实景

（5）经济技术指标达标，标准仓房储粮，正常储存年限内粮食水分丢失不得超过0.6%，储粮最高温度原则上不超过25℃（准低温状态），生产性能耗降低不超过5%。

2. 粮库管理工作方案

（1）做好基础的粮食仓储管理工作，严把入库粮食的质量关：一是粮食收购（入库）关，二是粮食烘干关，三是储粮设施关，四是制度管理关，五是粮情变化监控关，六是储粮季节转换关。

（2）采用先进的科学储粮技术进行保粮。采用计算机粮情测控技术、机械通风技术、环流熏蒸技术及准低温储粮技术，实现储粮保质、保鲜、保水、保量、保值、降耗，做到安全、绿色和科学保粮。

（3）加强粮食仓储设施的管理，定期对仓房及设备等进行维修和保养，保证仓房和设备的完好。严格仓储设施管理，建立管理制度和档案。

（4）加强粮食仓储的安全工作，建立健全各项安全生产管理制度；强化安全教育，提高自我防范意识，加强防治药品和易燃易爆物品的管理，严格执行粮食熏蒸操作规程，杜绝安全事故。

3. 粮库管理流程

仓储工作流程概括起来，即粮食入库（收购）前的准备工作—收购（含调入、轮入）—高水分粮的烘干整理（晾晒）—安全粮的入库储存（包括静态储存及库内移动）—出库（调出或轮换），如图 5-4 所示。

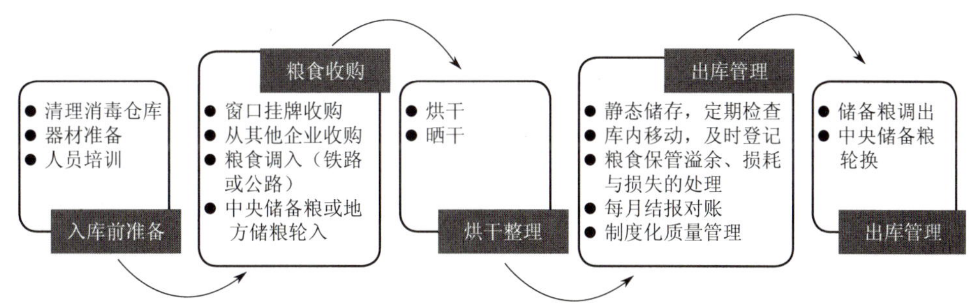

图 5-4 粮库管理流程

任务三 危险货物的存储与养护

典型工作任务

能根据不同的危险货物制定相应的存储与养护方案。

工作任务描述

嘉兴港区海陆物流公司的仓库内刚接到长城润滑油厂委托存放的一批润滑油，请你为该批货物的存储与养护制定相应的方案。

技能训练活动

一、准备工作

（1）搜集有关润滑油存储与养护的资料。

（2）收集一个因危险品储存保管不当引发的事故案例。
（3）制定一个危险品仓库应急预案。

二、技能训练

（1）全班按照 5 ～ 10 人一组进行分组，每组选出组长。
（2）每组分工搜集危险品的相关资料并进行分类。
（3）根据任务描述，制定润滑油存储与养护的方案。
（4）每组展示润滑油存储与养护的方案。

三、作业展示及点评

根据技能实训活动要求以及作业展示的内容与质量进行评分，并将得分填入表 5-3 中。

表 5-3　危险货物的存储与养护实训评分表

考评小组		被考评小组	
考评地点			
考评内容			
考评标准	内　　容	分　　值	实际得分
	资料整理的完整程度与质量	30	
	润滑油存储与养护方案的完成情况	30	
	方案的可行性程度	40	
合　　计		100	

注：考评满分为 100 分；85 分以上为优秀；75 ～ 84 分为良好；60 ～ 74 分为及格；60 分以下为不及格。

知识链接

一、危险品

危险品是易燃、易爆、有强烈腐蚀性的物品的总称，可以分为爆炸品、压缩气体和液化气体、易燃液体、易燃固体、自燃物品和遇湿易燃物品、氧化剂和有机过氧化剂、有毒品、腐蚀品、放射性物品、杂类和海洋污染物等十类。

二、危险货物包装标志

正确识别货物包装上的各种标志。凡是属于危险品的货物，在运输和储藏时应按照危险品条例处理。

2009 年 6 月 21 日中华人民共和国质量监督检验检疫总局和中国国家标准化管理委员会发布了中华人民共和国国家标准 GB　190—2009《危险货物包装标志》。该标准规定了危险货物包装图示标志的分类图形、尺寸、颜色及使用方法等。

标志分为标记和标签。标记 4 个（见表 5-4）；标签 20 个（见表 5-5），其图形分别标示了危险货物的主要特性。

表 5-4　危险货物包装标记

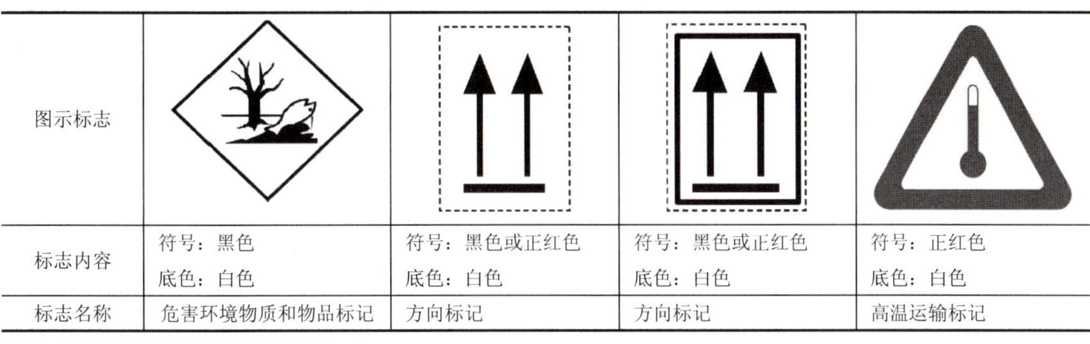

图示标志				
标志内容	符号：黑色 底色：白色	符号：黑色或正红色 底色：白色	符号：黑色或正红色 底色：白色	符号：正红色 底色：白色
标志名称	危害环境物质和物品标记	方向标记	方向标记	高温运输标记

表 5-5　危险货物包装标志

标签图形				
标签内容	符号：黑色；底色：橙红色 * 项号的位置—— 如果爆炸性是次要危险性，则留空白 * 配装组字母的位置—— 如果爆炸性是次要危险性，则留空白			
标签名称	爆炸性物质或物品			
标签图形				
标签内容	符号：黑色 底色：正红色	符号：白色 底色：正红色	符号：白色或黑色 底色：绿色	符号：黑色 底色：白色
标签名称	易燃气体	易燃气体	非易燃无毒气体	毒性气体
标签图形				
标签内容	符号：白色或黑色 底色：正红色	符号：黑色 底色：白色红条	符号：黑色 底色：上白下红	符号：黑色或白色 底色：蓝色
标签名称	易燃液体	易燃固体	易于自燃的物质	遇水放出易燃气体的物质
标签图形				
标签内容	符号：黑色 底色：柠檬黄色	符号：白色 底色：红色和柠檬黄色	符号：黑色 底色：白色	符号：黑色 底色：白色
标签名称	氧化性物质	有机过氧化物	毒性物质	感染性物质

（续）

标签图形	RADIOACTIVE I CONTENTS ACTIVITY 7	RADIOACTIVE II CONTENTS ACTIVITY TRANSPORT INDEX 7	RADIOACTIVE III CONTENTS ACTIVITY TRANSPORT INDEX 7	8
标签内容	符号：黑色；底色：白色，附一条红竖条 黑色文字：在标签下半部分写上：“放射性” “内装物__________” “放射性强度______” 在“放射性”字样之后应有一条红竖条	符号：黑色；底色：上黄下白，附两条红竖条 黑色文字：在标签下半部分写上：“放射性” “内装物__________” “放射性强度______” 在一个黑边框格内写上：“运输指数”，在“放射性”字样之后应有两条红竖条	符号：黑色；底色：上黄下白，附三条红竖条 黑色文字：在标签下半部分写上：“放射性” “内装物__________” “放射性强度______” 在一个黑边框格内写上：“运输指数”，在“放射性”字样之后应有三条红竖条	符号：黑色； 底色：白色
标签名称	一级放射性物质	二级放射性物质	三级放射性物质	腐蚀性物质

三、危险品仓库的管理

危险品仓库是存储和保管易燃、易爆、有毒、有害等物资的场所。

1. 危险品仓库的分类

（1）根据使用性质，危险品仓库可分为甲、乙两类。甲类是商业仓储业、交通运输业、物资管理部门的危险品仓库，乙类为企业自用的危险品仓库。其中甲类危险品仓库储量大、品种多，所以危险性大。

（2）根据规模，危险品仓库可分为三类：面积大于 9 000m^2 的为大型危险品仓库、面积在 550 ～ 9 000m^2 的为中型危险品仓库，550m^2 以下的为小型危险品仓库。

（3）根据危险品仓库的结构形式可分为地上危险品仓库、地下危险品仓库、半地下危险品仓库。

2. 危险品仓库的选址和结构

（1）危险品仓库具有较高的危险性，因此在选址时应依据政府的总体市政布局，选择合适的建设地点。一般选择远离居民区、供水地、主要交通干线、农田、河流、湖泊等的较为空旷的地区，并处于当地长年主风向的下风位。如果必须建立在市区内，大、中型的甲类仓库和大型乙类仓库与居民区和公共设施的间距应大于 150m，与企业、铁路干线的间距应大于 100m，与公路距离应大于 50m，在库区大型库房间距应为 20 ～ 40m，小型库房间距应为 10 ～ 40m。易燃物品应放置在地势低洼处，桶装易燃液体应放在库内。

（2）危险品仓库应根据其类型与特性，取得相应的许可，采用相应的建筑结构。同时设置相应的监测、通风、防晒、调温、防火、灭火、防爆、泄压、防毒、中和、防潮、防雷、防静电、防腐、防渗漏和隔离等安全设施和设备。

3. 危险品仓库的管理

（1）建立严格和完善的管理制度和安全操作规程，并履行登记、备案、报告的法律和行政义务。

（2）严格出入库制度。危险品入库时，仓库管理人员要认真核查品名、标志，检查包装，清点数目，细致地做好登记，重点危险品要实行双人收发制度；危险品出库时，还要认真登记提货人，详细记录危险品的流向。

（3）恰当选择货位和堆垛。危险品的储存方式、数量必须符合国家的有关规定，选择合适的存放位置，妥善安排相应的通风、遮阳、防水、防湿、温控条件，根据危险品的性质和包装合理确定堆放垛型和大小，要有合理的间距，消防器材和配电箱周围禁止堆货或放置其他物品。

（4）在保管和装卸作业过程中，要严格遵守有关规定和操作规程，合理选用装卸器具，对包装不符合作业要求的要妥善处理再行作业，严格限制闲杂人员进库。

（5）当危险品库遇到紧急情况时，要有措施安排和应急处理指挥人员，包括汇报情况、现场紧急处理、人员疏散、封锁现场、人员分工等。

（6）仓库要定期组织员工开展应急情况演习，新员工上岗时要经过培训。

（7）对于废弃的危险品及包装容器等，要有妥善的处置措施，如封存、销毁、中和、掩埋等无害化处理，不得遗留隐患。处置方案要到相关部门备案，并接受监督。剧毒危险品被盗、丢失、误用时，要立即向公安部门报告。

知识拓展

危险品仓库应急预案

本预案主要为了确保对化工产品及油类等危险品发生火灾、爆炸、泄漏等紧急情况做出响应，尽可能减少由于紧急情况或意外事故造成的损失和对环境造成的严重破坏。

1．组织机构及职责

（1）组织机构。项目部成立应急情况领导小组，项目经理任组长，项目部所有管理人员均为小组成员，由项目经理统一指挥。

（2）岗位职责。

1）组长领导各关键人员针对潜在的紧急情况进行检查及发生紧急情况时的指挥工作。

2）各成员负责化学品、油类等泄漏、爆炸与火灾的应急响应工作，协助组长在发生紧急情况时进行指挥、指导、疏散、抢救工作。

3）组长负责落实有关人员的培训工作。

4）组长负责落实对外联系，针对工程所用的物资及时收集每种物资对环境的潜在影响，并制定发生环境事故应采取的有效措施。

2．应急预案

（1）仓库管理员对储备的化学品检查时发现化学品泄漏，应采取措施拦截防止污染面扩大，并根据泄漏化学品的安全技术说明书进行清理，能回收的尽量回收。

（2）氧气、乙炔等压缩气体及液化气体泄漏时，迅速撤离泄漏污染区人员至上风处，并进行隔离，严格限制出入，切断火源，避免与可燃物或易燃物接触，尽可能切断泄漏源，合理通风，加速扩散。漏气容器应妥善处理，修复、检验合格后可以再次使用。

（3）酒精、乙二胺、丙酮等易燃液体泄漏时，迅速撤离泄漏污染区人员至安全区，并进行隔离，切断火源，尽可能切断泄漏源，防止进入下水道、排洪沟等限制性区域。小量泄漏，用砂土或其他不燃材料吸附或吸收，也可用大量水冲洗，洗水稀释后放入废水池，大量泄漏时，构筑围堤或挖坑收容，用泡沫覆盖，降低蒸汽灾害。

（4）硫酸、盐酸等腐蚀化学品泄漏时，迅速撤离泄漏污染区人员至安全区，并进行隔离，严格限制出入，不要直接接触泄漏物，尽可能切断泄漏源，防止进入下水道，小量泄漏，用砂土、干燥石灰或苏打灰混合，也可以用大量水冲洗，洗水稀释后放入废水池。大量泄漏时，构筑围堤或挖坑收容。

（5）危险品仓库发生火灾时，责任人应及时用灭火器进行灭火，同时报告应急情况领导小组；火势较大时，应立即报警，拨打“119”通知地方消防队；出现人员伤亡时，应及时安排医疗急救。

任务四　冷藏货物的存储与养护

典型工作任务

能很好地对冷藏货物进行必要的存储与养护。

工作任务描述

某地一大型仓库，每日进出库货物品种繁多，每一货物的具体保管要求不一，特别是那些特殊的货物，这就要求仓库保管员能在数以万计的货物中区分出哪些是需要特殊存储与养护的货物，为整个仓库创造合理的利润。

技能训练活动

一、准备工作

（1）收集冷藏存储的相关资料。

（2）准备一个冷藏仓储事故的案例。

二、技能训练

（1）全班按照 5 ～ 10 人一组进行分组，每组选出组长。

（2）每组分工查找冷藏货物存储与养护的相关资料。

（3）根据任务描述，制定冷藏货物存储养护的方案。

（4）每组展示技能训练成果。

三、作业展示及点评

根据技能实训活动要求以及作业展示的内容与质量进行评分，并将得分填入表 5-6 中。

表 5-6　冷藏货物存储与养护实训评分表

考评小组		被考评小组	
考评地点			
考评内容			
考评标准	内　容	分　值	实际得分
	资料整理的完整程度与质量	30	
	冷藏货物存储与养护方案的完成情况	30	
	方案的可行性程度	40	
合　计		100	

注：考评满分为 100 分；85 分以上为优秀；75 ～ 84 分为良好；60 ～ 74 分为及格；60 分以下为不及格。

知识链接

一、冷库的结构

冷库由于其低温或恒温特点，有着不同于一般的仓库用途，结构上也有很大的差异。

1. 冷却间和结冻间

货物在进入冷藏间或冷冻库房之前，先在冷却或冷冻间进行冷处理，将货物均匀的降温到预定的温度。对于冷藏货物，降温至 2 ～ 4℃；冷冻货物则迅速的降至 –20℃使货物冻结，因而冷却间和冻结间具有较强的制冷能力。

2. 冷冻库房

冷冻库房是经预冷达到冷冻保存温度的冷冻货物较长期间地保存的库房。冷冻货物的货垛一般较小，以便降低内部温度。库内采用叉车作业为主，大多采用成组垛。

3. 冷藏库房

冷藏库房是冷藏货物存储的场所，如图 5-5 所示。货物在预冷后送入冷藏库房码垛存放。冷藏货物仍具有新陈代谢和微生物活动，还会出现自升温现象，因而冷藏库还需要进行持续的冷处理。冷藏库一般采用行列垛方式码垛存放，由于冷藏存放期较短，货物在库内搬运活性较高，托盘成组堆垛较为理想。

图 5-5　冷藏库房

4. 分发间

冷库内不便于作业，而且会造成库内温度波动较大，因此货物出库时采取迅速地将冷货从冷藏库或冷冻库移到分发间，在分发间进行作业装运。

二、冷库的作业要求

1. 冷库的日常管理

在冷库的日常管理中，必须要做到清洁、干燥，保持库内处于制冷状态，库内的货物按要求分类分区存放，定时对冷库进行通风。

2．货物出入库管理

（1）入库。货物入库时，要对货物的温度进行测定、查验货物内部状态，进行详细记录，对于霉变货物不接受入库。入库前货物要预冷，未经预冷冻结的货物不得直接进入冷冻库，以免高温货物大量吸冷造成库内温度升高，影响库内其他冷冻货物。

（2）出库。货物出库认真核对，防止错发、错取。对于出库时需要升温处理的货物，应按照作业规程进行加热升温，不得采用自然升温。

3．冷库作业温度控制

为了减少冷耗，货物出入作业尽可能选择在气温较低的时间进行，如早晨、傍晚或者夜间。出入库作业时，最好集中仓库内的作业量，以尽可能缩短作业时间。要使装运车辆离库门距离最近，缩短货物露天搬运距离，防止隔车搬运。在货物出入库中一旦出现库温升高超过标准时，应立即停止作业，封库降温。

4．冷库的安全管理

冷库仓储管理人员在进行作业时，要妥善使用设备，防止被冻伤，尤其是要避免人员被封闭在库内，以防止人员缺氧窒息而酿成重大安全事故。

知识拓展

一、冷链物流的概念

冷链物流（Cold Chain Logistics）是指冷藏冷冻类食品在生产、储藏、运输到消费前的各个环节中始终处于规定的低温环境下，以保证食品质量，减少食品损耗的一项系统工程。它是随着科学技术的进步、制冷技术的发展而建立起来的，是以冷冻工艺为基础、以制冷技术为手段的低温物流过程。

二、冷链物流的应用范围

冷链物流的应用范围包括以下内容。

（1）初级农产品：蔬菜、水果；肉、禽、蛋；水产品、花卉产品。

（2）加工食品：速冻食品、禽、肉、水产等包装熟食，冰淇淋和奶制品，快餐原料。

（3）特殊商品：药品、疫苗等。

由于食品冷链是以保证易腐食品品质为目的，以保持低温环境为核心要求的供应链系统，所以它比一般常温物流系统的要求更高、更复杂，建设投资也要大很多，是一个庞大的系统工程。由于易腐食品的时效性要求冷链各环节具有更高的组织协调性，所以，食品冷链的运作始终是和能耗成本相关联的。有效控制运作成本与食品冷链的发展密切相关。

三、冷链物流的共同配送与第三方物流

由于冷链物流的低温特点，投资成本高回收期较长，由物流企业或者商业企业单独建立

冷链物流中心面临重重困难。但是冷链食品具有相同的特点，社会上的冷链物流参与企业可以联合起来，共同建立冷链物流配送中心，实现冷链物流业的共同配送。

共同配送是经过长期的探索而发展出的一种集约化配送形式，也是西方发达国家采用较为广泛、影响较大的一种先进物流方式。它对提高物流运作效率、降低物流成本具有重要意义。例如，一些大型超市与蒙牛建立长期的合作关系，由蒙牛直接配送，利用蒙牛的运输要求和运输工具直接到达超市的冷柜，避免在运输过程中的鲜奶变质，给超市造成重大损失，因此而影响蒙牛的信誉度。随着合作的进展，与客户建立起的合作关系趋向稳固，以及操作经验的不断积累，通过对生产商自有冷链资源、社会资源和自身资源的不断整合，建立起科学的、固定化的冷链物流管理和运作体系。

麦当劳餐厅的冷链物流则是完全外包给第三方物流企业。第三方物流企业为了满足麦当劳冷链物流的特殊要求，投资建立多个食品分发物流中心，包括干库、冷链库和冷冻库，配有冷链冷冻保存设备及冷链运输设施，保质保量地向各个餐厅运送冷链货物，如图 5-6 所示。

从微观角度看，实现冷链物流的社会化服务，能够提高冷链物流作业的效率，降低企业营运成本。企业可以集中精力经营核心业务，促进企业的成长与扩张，扩大市场范围，消除封闭性的销售网络，建立共存共享的商业环境。从整个社会角度来讲，实现冷链物流的社会化服务可以减少社会资源耗费总量，减少城市交通拥堵现象，通过冷链物流集中化处理，显著提高冷链物流的使用效率，改善整体社会生活品质。

图 5-6　冷链运输车队

项目六 食品的存储

教学目标

能对食品进行正确的安全管理，以及正确处理食品的质量变化。

案例导入

我国出台四项运动营养食品行业标准

日前记者获悉，我国运动营养食品行业标准的制定和修改工作取得重大突破。国家发展改革委发布公告称，批准《运动营养食品能量补充食品》等4项运动营养食品标准，自2007年8月1日起实施。该标准是在北京康比特威创体育新科技有限发展公司的合作下完成的。

已通过的运动营养食品行业标准名称分别为《运动营养食品能量补充食品》，标准编号为QB/T 2831—2006；《运动营养食品蛋白质补充食品》，标准编号为QB/T 2832—2006；《运动营养食品能量控制食品》，标准编号为QB/T 2833—2006；《运动营养食品食用肌酸》，标准编号为QB/T 2834—2006。

据介绍，上述4项标准于2005年被列入国家发展和改革委员会下达的“2005年行业标准制修订项目计划”，审核过程中，经过了行业调研、资料查阅、样品分析、检测方法研究、征求意见等程序。这4项标准以食品属性和食用目的为出发点，内容具体。标准从运动人群的特殊营养需求出发，注重与现有法规、标准协调一致，并考虑到营养素的有效性和安全性。

运动营养食品行业标准的出台，将更好地引导和规范运动营养产业的发展。

（资料来源：http://www.tech-food.com 2007-3-5 15:03:11 中国食品科技网 记者：王薇）

点评：食品安全和卫生是关系到国计民生的大问题。运动营养食品是食品发展的新趋势，行业标准的出台，能更好地规范运动营养食品产业的发展。

任务一 食品污染与食品安全

典型工作任务

能正确地认识食品安全在国民生产生活中的重要性。

工作任务描述

根据自己所学的货物仓储与养护知识，制作一个食品安全的宣传海报，提高民众的食品安全意识。

技能训练

一、准备工作

（1）准备制作海报的纸张和颜色笔。
（2）收集食品存储保管与食品安全方面的资料。

二、技能训练

（1）全班按照 5 ～ 10 人一组进行分组，每组选出组长。
（2）每组成员分工查找食品安全的相关资料。
（3）根据任务描述，制作食品安全方面的宣传海报。
（4）每组展示食品安全方面的宣传海报成果。

三、作业展示及点评

根据技能实训活动要求以及作业展示的内容与质量进行评分，并将得分填入表 6-1 中。

表 6-1　食品安全宣传实训考评表

考评小组		被考评小组	
考评地点			
考评内容			
考评标准	内　容	分　值	实际得分
	海报内容正确	20	
	海报主题突出	40	
	食品安全宣传效果	40	
合　计		100	

注：考评满分为 100 分，85 分以上为优秀；75 ～ 84 分为良好；60 ～ 74 分为及格，60 分以下为不及格。

知识链接

一、食品污染

食品与空气和水一起构成了人类生命和健康的三大要素。食品一旦受污染，就会直接危害人类的健康甚至生命。

1. 食品污染的概念

食品污染是指人们吃的各种食品，如粮食、水果，在生产、运输、包装、储存、销售、烹调过程中，混进了有害有毒物质或者病菌。

2. 食品污染的分类

食品污染可分为生物性污染、化学性污染及物理性污染三类。

（1）生物性食品污染。生物性污染是指由有害的病毒、细菌、真菌以及寄生虫等微生物引起的食品污染。鸡蛋变臭、蔬菜腐烂，主要是细菌、真菌在一起作用的结果。细菌有许多种类，有些细菌如变形杆菌、黄色杆菌、肠杆菌可以直接污染动物性食品，也能通过工具、容器、洗涤水等途径污染食品，使食品腐败变质。有些细菌和真菌会产生毒素，毒性最强的是黄曲霉毒素。食品被这种毒素污染以后，会引起动物原发性肝癌。我国华东、中南地区气候温湿，黄曲霉毒素的污染比较普遍，主要污染在花生、玉米上，其次是大米等食品。污染食品的寄生虫主要有蛔虫、绦虫、旋毛虫等，这些寄生虫一般都是通过病人、病畜的粪便污染水源、土壤，然后再使鱼类、水果、蔬菜受到污染，人吃了以后会引起寄生虫病。

微生物对食品的污染通过以下几种途径。一是对食品原料的污染：食品原料品种多、来源广，微生物污染的程度因不同的品种和来源而异；二是对食品加工过程中的污染；三是在食品储存、运输、销售中对食品造成的污染。

（2）化学性食品污染。化学性食品污染是指由有害有毒的化学物质引起的食品污染。农药是造成食品化学性污染的一大来源，还有含铅、镉、铬、汞、硝基化合物等有害物质的工业废水、废气及废渣；食用色素、防腐剂、发色剂、甜味剂、固化剂、抗氧化剂食品添加剂；作为食品包装用的塑料、纸张、金属容器等。有资料证明，在河水、海水、水生物、土壤、大气、野生动植物以及人乳、脂肪，甚至南极的企鹅、北冰洋的鲸体内，都发现了多氯联苯的踪迹。多氯联苯是200多种氯代芳香烃的总称，当今世界生产和使用这种东西的数量相当大。

常见的食品的化学性污染有农药的污染和工业有害物质的污染两个途径。因此，国际上日益兴起绿色有机农业，尽可能避免农药与工业有害物质进入食品的生产加工储运环节。近年来，有的商家唯利是图，加上监管机构缺位，食品生产加工领域各种食品添加剂超标、有毒工业原料滥用的案例层出不穷。食品安全问题也越来越受到人们的广泛关注。

（3）食品的物理性污染通常指食品生产加工过程中的非化学性杂质超过规定的含量所引起的食品质量安全问题。虽然有的污染物可能并不威胁消费者的健康，但是严重影响了食品应有的感官性状或营养价值，使食品质量得不到保证，例如粮食收割时混入的草籽、液体食品容器池中的杂物、食品运销过程中的灰尘及苍蝇等。或者在食品中掺假，比如粮食中掺入的沙石、肉中注入的水、奶粉中掺入其他物质等。此外，食品受到放射性污染，比如日本海啸造成核电站核泄漏，导致附近的食品受到核污染，或者康菲石油海上原油泄漏事故造成的我国渤海水产养殖业被污染遭受重大损失等。

食品污染是危害人们健康的大问题。一旦发现食品污染，要立即查找源头，宣布回收并进行销毁，防止食品污染危害扩散。

二、食品的安全卫生与预防

《食品工业基本术语》（GB 15091—1995）将食品卫生（食品安全）定义为："为防止食品在生产、收获、加工、运输、储藏、销售等各个环节被有害物质（包括物理、化学、微生物等方面）污染，使食品有益于人体健康，所采取的各项措施。"防止食品污染，不仅要注意个人饮食卫生，还要从食品的生产加工储运各个环节入手，才能从有效杜绝食品安全问题。

食品污染的防治措施主要有：

（1）开展卫生宣传教育活动，加强个人食品安全防范意识。

（2）食品生产经营单位严格遵守食品卫生相关法律和国家卫生标准。

（3）食品卫生监督机构要加强食品卫生监督，依法惩处食品安全违法违规行为。

（4）严厉打击违法滥用食品添加剂和非法添加物的行为。

（5）加强农药管理，指导农民正确适量用药。

（6）灾区要特别加强食品储运过程中的管理，防止各种食品污染事故的发生。

知识拓展

一、我国的法律体系

法律体系是指由一国现行的全部法律规范按照不同的法律部门分类组合而形成的一个呈体系化的有机联系的统一整体。

中国特色社会主义法律体系是指适应我国社会主义初级阶段的基本国情，与社会主义的根本任务相一致，以宪法为统帅和根本依据，由部门齐全、结构严谨、内部协调、体例科学、调整有效的法律及其配套法规所构成，是保障我国沿着中国特色社会主义道路前进的各项法律制度的有机的统一整体。这个体系由法律、行政法规、部门规章和地方性法规四个层次，宪法及宪法相关法、民法商法、行政法、经济法、社会法、刑法、诉讼与非诉讼程序法七个法律部门组成。我国的法律体系框架如图 6-1 所示。

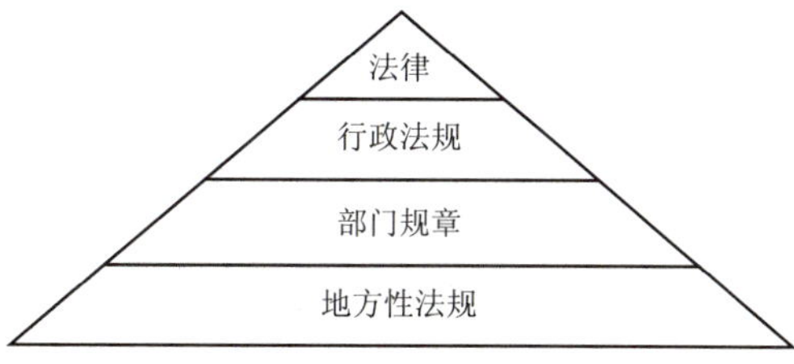

图 6-1　我国法律体系框架

二、我国的食品安全法律体系

食品法律法规体系的建设是我国保证食品安全、提高人民生活质量、保障人民饮食卫生和公共健康的需要，也是我国食品工业发展和参与国际食品贸易的需要。

食品法律法规体系是指以法律或政令形式颁布的，对全社会有约束力的权威性规定。它既包括法律规范，也包含以技术规范为基础所形成的各种法规。食品法的制定有广义和狭义之分。狭义的食品法专指全国人大及其常委会制定食品法律的活动。广义的食品法制定，不仅包括狭义的食品法的制定，还包括国务院、有关部委、地方人大及其常委会制定的规章法规等活动。据不完全统计，我国正在实施的与食品生产和安全相关的法律法规约有 1 350 部，其结构如图 6-2 所示。

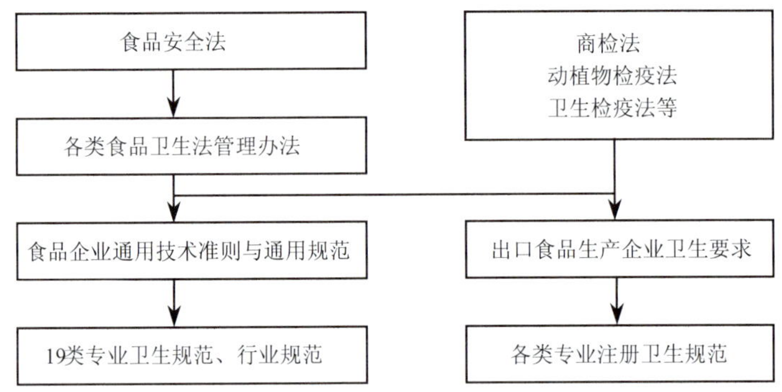

图 6-2　我国食品生产与卫生法律法规框架

三、中华人民共和国食品安全法

我国高度重视食品安全，早在 1995 年就颁布了《中华人民共和国食品卫生法》。2009 年 2 月 28 日，十一届全国人大常委会第七次会议通过了《中华人民共和国食品安全法》（以下简称《食品安全法》）。

《食品安全法》是适应新形势发展的需要，为了从制度上解决现实生活中存在的食品安全问题，更好地保证食品安全而制定的，其中确立了以食品安全风险监测和评估为基础的科学管理制度，明确食品安全风险评估结果作为制定、修订食品安全标准和对食品安全实施监督管理的科学依据。

《食品安全法》共 10 章、104 条，对食品安全监管体制、食品安全标准、食品安全风险监测和评估、食品生产经营、食品安全事故处置等各项制度进行了补充和完善。

1. 关于食品安全监管体制

（1）设立食品安全委员会，改变多头管理“混乱”局面。《食品安全法》为改变“有利有人管、无利无人问”顽疾，为打造“无缝衔接”的食品安全监管提供法律武器，规定卫生行政部门承担综合协调职责，质监部门负责生产环节监管、工商部门负责流通环节监管、食药部门负责餐饮服务环节监管。

（2）理顺监管体制，从单一许可转为分类许可。在新法律的框架下，无论什么类型的食品生产经营企业不再像过去一样，都申请《卫生许可证》，而是按照不同的生产经营范围，申请不同的行政许可。比如，进行食品生产需要取得食品生产许可，参与食品流通需要取得食品流通许可，提供餐饮服务需要取得餐饮服务许可。对于企业或个人进行食品自产自销活动无需获得许可。

（3）取消“免检制度” 不留监管空白。县级以上质量监督、工商行政管理、食品药品监督管理部门应当对食品进行定期或者不定期的抽样检验。

2. 关于食品生产经营与食品安全标准

（1）明确 11 类食品违法生产经营行为。为了从制度上保证食品生产经营者成为食品安全的第一责任人，《食品安全法》第四章第二十八条明确规定，禁止任何单位或者个人从事 11 项食品生产经营活动。

（2）食品生产经营者要强化责任，建立系列制度来确保可记录可追寻。《食品安全法》规定了食品安全生产的记录需保存两年，对生产经营者建立安全信用档案。

（3）统一了食品安全标准。《食品安全法》第三章明确了统一制定食品安全国家标准的原则。除食品安全标准外，不得制定其他的食品强制性标准。

《食品安全法》从统一发布，动态调整，以人为本，鼓励企业制定严于、高于国家、地方标准的企业标准的四个角度严格了食品安全标准，改变了我国食品卫生标准、质量标准、国家标准等重复交叉、层次不清，部分标准老化，缺乏前瞻性的状况。

任务二　食品的日常存储与保管

典型工作任务

正确掌握食品日常存储的方法与技巧。

工作任务描述

日常生活中，每个家庭都会储备一定的食品，以备不时之需。如何对这些日常食品（鸡蛋、方便面、饼干、食用油）进行正确的保管，防止其在保质期内就变质腐败？

技能训练

一、准备工作

（1）准备好常见的食品，如鸡蛋、方便面、饼干和食用油等样品或者包装若干。

（2）收集有关食品存储与保管方面的资料。

二、技能训练

（1）全班按照 4 ～ 6 人一组进行分组，每组选出组长。

（2）每组查找鸡蛋、方便面、饼干和食用油存储与保管的相关资料。

（3）根据任务描述，制定相应存储与保管的方案。

（4）每组展示方案成果。

三、作业展示及点评

根据技能实训活动要求以及作业展示的内容与质量进行评分，并将得分填入表 6-2 中。

表 6-2　食品存储实训评分表

考评小组		被考评小组	
考评地点			
考评内容			
考评标准	内　容	分　值	实际得分
	收集资料整理丰富程度	30	
	食品存储与保管方案内容正确	30	
	食品存储与保管方案可行性	40	
合　计		100	

注：考评满分为 100 分，85 分以上为优秀；75 ～ 84 分为良好；60 ～ 74 分为及格；60 分以下为不及格。

知识链接

一、食品的存储方法

食品的变质因素往往比较复杂，但存储与保管不当是导致食品腐败变质的重要因素之一。食品存储的作用不仅是存放食品，更重要的是防止其腐败变质，保证食品质量。食品的存储方法主要有两种，即低温存储和常温存储。

1. 低温存储

为了保持原有的风味和新鲜度，防止食品腐烂变质，通常使用低温存储。按照存储温度的不同，低温存储又可以分为冷藏储存和冷冻储存。

（1）冷藏储存的温度一般设置为 0 ～ 10℃条件下用冰箱或者低温冷库进行储存食品，主要有水果、蔬菜、熟食、乳制品等。但温度降低只可以抑制细菌生长，不可能杀灭细菌，所以任何食品冷藏储存时间均不要太长，最好做到随买随吃，因为储存时间过长，既影响食品的鲜美，又易产生异味，还容易变质。

（2）冷冻储存是长期保存食品的一种方法。通常需要冷冻储存的食品大多是动物性食品如畜禽肉、水产类，也有一些适宜于冷冻储存的蔬菜和加工后的成品和半成品。冷冻温度一般控制在 –29 ～ 0℃之间。专业用的冷冻库温度是 –80℃，食品可以长久保存。但家庭用的冰箱最低是 –18℃，而且经常开关门也到不了这么低的温度，于是蛋白质等成分逐渐变性，食品也会变味。需谨记的是冷冻虽然可以使细菌的数量减少或使细菌的繁殖速度降低，却不可能彻底杀菌，故任何食物都不要冷冻过久，尤其是在 –18℃时储藏食物通常不超过一个月。

2. 常温存储

对于一些不易发生腐败变质的食品如含水分很少的食品，如大米、面粉，包装严密完整且标签上未标示需要低温储存的食品，如饮料、罐头、食用盐、食糖、食用油等不易在常温下腐败变质的食品，通常采用常温存储。

常温存储的食物应在阴凉、干燥、通风处，同时要隔墙、离地 10cm 以上存放，不能与有毒有害物质同库存放。储存的食品种类较多时，应分类上架，标志清楚。常温存储下，更多的需要注意对食品的日常保管工作，防止因为外部条件的改变，如气温、湿度变化，或者外来生物，如细菌等微生物、害虫、鼠类、鸟类等的侵害，以及污染物质，如有毒气体、液体和粉末等的接触。

二、食品存储的条件

食品存储的条件和期限在很大程度上由细菌的繁殖能力，也就是其对食品的破坏能力决定。影响细菌繁殖的条件很多，不同的条件会导致不同的结果。根据各种细菌繁殖条件以及每个环境因素的不同，存活的细菌种类和数量也将有所不同。环境的具体条件（温度、氧气、水、酸碱度等）将能够促进某些种类细菌的繁殖，而同时抑制另一些种类。这些必要条件有营养元素、时间、温度、活性水、环境的酸碱度（pH 值）以及外部的气体环境等。

（1）营养元素。细菌只能在营养体上繁殖。但要注意的是，即使在没有任何营养元素的不锈钢桌面上，在适宜的温度与湿度条件下，有些细菌仍然可以长期存活。

（2）时间。细菌不是转瞬就能大量繁殖，它需要一定的时间。时间要素需要和其他条件结合起来，以促成细菌等微生物繁殖。

（3）温度。实验证明，温度是细菌繁殖的最重要因素之一。细菌的生存和繁殖依赖一系列的化学反应，反应的速度与温度成比例，因此将食品储存在对细菌有利的温度（10～55℃）中将产生不良后果。在升温的过程中，一旦达到细菌生存的不利温度，其繁殖将立即停止，并开始出现死亡现象。相反，随着温度的下降，细菌繁殖的速度减缓，并根据各种细菌对温度的不同耐受性在不同温度停止繁殖。处于低温环境下，细菌的繁殖在 –10℃都将停止，真菌的繁殖在 –12℃都将停止，对于酵母菌，得下降到 –18℃。

（4）水。水是细菌进行繁殖的必备条件之一。但这里所说的水是指不与其他有机或者无机分子结合的活性水。自远古时代，人类就利用这一原理储藏食品。鱼类、肉类等食品干燥后可以长期保存，或者对肉类用盐进行腌制以及对在水果中加入糖分也是利用这一原理。食品的干燥程度也决定了细菌存活的种类。

（5）酸碱度。酸碱度影响细菌的酶的活性，进而影响其新陈代谢。每一种细菌的存活和繁殖都有相应的酸碱度。因此在食品的生产与储运过程中，在保持食品口味、质量和安全的前提下，通过改变食品的酸碱度，抑制有害的细菌等微生物生长繁殖。

（6）外部气体环境。某些细菌的繁殖需要氧气，它们被称为需氧微生物。还有一些细菌，不能在氧气环境下生存，它们被称为厌氧微生物。食品表面的细菌多数为需氧细菌。通过制造真空或改变空气环境，可以大量减少导致食物腐烂的表面菌群。但是可能还存在一些微型需氧细菌可以进行繁殖，因为总还是有残留的氧气。通过改变外部空气环境的方法可以延长食品的保存时间。

知识拓展

一、食品存储制度

（1）食品仓库必须做到专用，不得存放其他杂物和有毒有害物质。指定专人负责管理并建立健全出入库登记制度。食品及食品原料入库时，库管员应对其质量和数量进行验收，并详细记录入库产品的名称、数量、产地、进货日期、生产日期、保质期、包装情况等，并按入库时间的先后分类存放，感官检查不合格的食品不得入库。设立不安全食品暂存专柜，并进行记录。

（2）食品仓库应有良好通风和温度与湿度控制设备，以防止食品霉变、生虫。存储生鲜食品时，应配置必要的低温储存设备，包括冷藏库（柜）和冷冻库（柜）。做好防尘、防蝇、防鼠、防潮工作，定期对库房周围进行卫生清扫，消除有毒有害污染源及蚊蝇孳生场所。

（3）食品存放设隔离地面的平台和层架，离墙 30cm 以上，底层隔离地面 40cm 以上。食品按照先进先出、生熟分开的原则分类储存，并有明显标志。

二、食品销售安全管理制度

（1）经营场所距离非水冲式厕所、开放式粪池、垃圾堆（场）等场所的直线距离需在 25m 以上，并设置密闭的垃圾容器，及时清除垃圾，搞好防尘、防蝇、防鼠工作，确保环境整洁。

（2）《食品流通许可证》和《营业执照》应悬挂于经营场所内醒目位置，并配有经专业培训的食品安全专职管理人员。

（3）食品陈列设施布局合理，划定食品经营区域，食品与非食品分开存放；不出售过期、有毒有害、“三无”和未经检验或检验不合格的食品。保证食品外观清洁，如发现食品超过保质期、破损、鼠咬、受潮、生霉、生锈等现象要及时下架、回收和销毁。

（4）散装食品销售必须按“生熟分离”原则，分类设置散装食品销售区。按销售品种配备足量的容器，并符合卫生条件。直接入口的散装食品应有防尘材料遮盖。应在盛放食品容器的显著位置或隔离设施上设置“散装食品标志牌”，标明食品的名称、配料表、生产日期、保质期、保存条件、食用方法、生产经营者名称及联系方式等内容，做到“一货一牌、货牌对应”。销售直接入口的散装食品必须由专人负责，为消费者提供分拣和包装服务，提供给消费者符合卫生要求的小包装。操作时应穿工作服，戴口罩、手套和帽子，使用专用工具取货。

（5）销售生鲜食品应配备货架、保温柜、冷藏柜和冷冻柜等陈列设施，配备符合要求的检测设备。

（6）熟食制品销售间入口处应设置预进间，并配备更衣及洗手、消毒设施，采用非手动式的水龙头以及食品冷藏设施和专用工具，食品要有防尘材料遮盖。

附录 随机数表

1	67	11	09	48	96	29	94	59	84	41	68	38	04	13	86	91	02	19	85	28
2	67	41	90	15	23	62	54	49	02	06	93	25	55	49	06	96	52	31	40	59
3	78	26	74	41	76	43	35	32	07	59	86	92	06	45	95	25	10	94	20	44
4	32	19	10	39	41	50	09	16	16	28	87	51	38	88	43	13	77	46	77	53
5	45	72	14	75	08	16	48	99	17	64	62	80	58	20	57	37	16	94	72	62
6	74	93	17	80	38	45	17	17	73	11	99	43	52	38	78	21	82	03	78	27
7	54	32	82	40	74	47	94	66	61	71	48	87	17	45	15	07	43	24	82	16
8	34	18	43	76	96	49	86	55	22	20	68	08	74	28	25	29	29	27	18	33
9	04	70	61	78	89	70	52	36	26	04	13	70	60	50	24	72	84	57	00	49
10	38	69	83	65	75	38	85	58	51	23	22	91	13	54	24	25	58	20	02	83
11	05	89	66	75	80	83	75	71	64	62	17	55	03	30	03	86	34	96	35	93
12	97	11	78	69	79	79	06	98	73	35	29	06	91	56	12	23	06	04	69	67
13	23	04	34	39	70	34	62	30	91	00	09	56	42	03	55	48	78	18	24	02
14	32	88	65	68	80	00	66	49	22	70	90	18	88	22	10	49	46	51	46	12
15	67	33	08	69	09	12	32	93	06	22	97	71	78	47	21	29	70	29	73	60
16	81	87	77	79	39	86	85	90	84	17	83	19	21	21	49	16	05	71	21	60
17	77	53	75	79	16	52	57	36	76	20	59	46	50	05	65	07	47	06	64	27
18	57	89	89	98	26	10	16	44	68	89	71	33	78	48	44	89	27	04	09	74
19	25	67	87	71	50	46	84	98	62	41	85	51	29	07	12	35	97	77	01	81
20	50	51	45	14	61	58	79	12	88	21	09	02	60	91	20	80	18	67	36	15
21	30	88	39	88	37	27	98	23	00	56	46	67	14	88	18	19	97	78	47	20
22	60	49	39	16	59	20	04	44	52	40	23	22	51	96	84	22	14	97	48	80
23	36	46	19	52	10	42	83	86	78	87	30	00	39	04	30	38	06	92	41	51
24	45	71	08	61	71	33	00	87	82	21	35	63	46	07	03	56	48	94	36	04
25	69	63	12	03	07	91	34	05	04	22	51	94	90	91	10	22	41	50	50	56
26	41	82	06	87	49	22	16	24	06	16	20	02	31	13	03	92	86	49	69	69
27	09	85	92	32	12	06	34	60	72	04	08	76	61	95	04	84	93	00	84	05
28	57	71	05	35	47	59	65	38	38	41	57	91	61	96	87	63	24	45	17	72
29	82	06	47	67	53	22	36	49	68	86	87	04	18	80	68	96	57	53	88	83
30	17	95	30	06	64	99	33	80	27	84	65	47	78	11	01	86	61	05	05	28
31	70	55	98	92	19	44	85	86	65	73	69	73	75	41	78	51	05	57	36	33
32	97	93	30	87	84	49	28	29	77	84	31	09	35	59	41	39	71	46	53	57
33	31	55	49	69	17	12	22	20	41	50	45	36	52	13	46	20	70	52	30	57
34	30	92	80	82	37	16	01	46	81	22	48	80	55	77	99	11	30	14	65	29
35	98	05	49	50	04	94	71	31	12	49	85	82	82	67	17	38	22	86	15	93

36	00	86	28	06	39	03	29	04	84	41	20	34	01	97	53	50	90	12	94	67
37	74	76	84	09	68	33	73	25	97	71	65	34	72	55	62	50	50	59	01	93
38	63	84	36	95	80	28	36	19	26	50	72	55	80	54	55	68	58	94	96	50
39	48	12	30	00	88	05	86	29	37	09	18	85	07	95	37	06	78	96	82	89
40	20	60	42	30	95	71	77	03	14	88	81	15	91	58	38	07	15	17	37	15
41	13	21	96	10	43	46	00	95	62	09	45	43	87	60	08	00	12	35	35	06
42	12	84	54	72	32	75	88	47	75	20	21	27	73	48	33	69	10	13	77	36
43	57	38	76	05	12	35	29	61	10	48	02	65	25	40	61	54	13	54	59	37
44	25	18	75	82	11	89	13	90	53	66	56	26	38	39	04	79	76	22	82	53
45	10	88	94	70	76	54	45	07	71	24	53	48	10	01	51	99	93	52	12	68
46	78	44	49	86	29	82	12	44	11	54	32	54	68	28	52	27	75	44	22	50
47	99	33	67	75	56	16	90	53	40	48	15	12	01	10	79	58	73	53	35	90
48	38	51	64	06	53	30	50	06	84	55	91	70	48	46	52	37	46	83	58	78
49	45	96	10	96	24	02	17	29	31	14	10	86	37	20	92	79	72	32	84	57
50	75	40	42	25	66	34	22	05	61	93	56	61	62	02	55	31	56	20	99	07
51	44	34	50	25	64	98	77	00	43	82	56	81	92	95	38	82	70	01	39	72
52	37	20	32	93	09	52	68	41	07	06	57	67	92	47	73	43	27	00	10	46
53	59	95	93	91	01	41	50	86	55	84	98	50	51	63	45	43	12	37	17	27
54	94	04	52	59	11	73	72	76	56	97	85	58	25	28	05	94	53	22	40	67
55	63	51	33	08	85	47	17	83	06	64	88	17	88	47	12	25	60	03	42	65
56	36	34	31	20	29	64	09	10	43	42	07	09	01	63	70	14	43	84	33	40
57	09	92	63	10	33	91	02	01	83	43	80	55	70	41	47	35	55	44	64	59
58	28	02	42	96	81	30	91	36	68	33	82	15	64	34	22	04	53	40	60	62
59	79	71	66	94	03	40	26	94	55	80	68	64	71	89	29	59	40	59	20	91
60	68	95	13	68	61	68	13	12	71	95	67	57	52	34	34	89	38	91	84	62
61	58	17	80	37	20	22	39	70	13	39	40	97	24	62	13	67	15	02	02	77
62	37	40	55	69	70	64	41	89	55	25	92	31	76	49	63	85	66	14	09	95
63	28	44	48	78	89	31	73	29	50	70	37	28	79	90	69	46	18	78	33	39
64	73	87	07	23	79	29	91	98	00	80	92	17	01	30	26	68	00	83	04	67
65	01	31	76	04	71	41	30	01	59	14	45	52	05	25	00	75	25	59	25	86
66	02	37	91	15	81	96	91	49	47	80	85	31	27	48	30	81	69	66	45	38
67	75	89	09	37	98	27	71	78	43	92	90	24	68	78	00	16	08	43	80	96
68	30	69	59	11	86	28	89	13	08	08	78	14	90	52	84	18	94	98	45	75
69	51	21	78	40	48	85	82	09	65	58	75	92	87	15	25	37	89	55	35	89
70	21	20	96	73	07	73	10	46	61	14	58	89	80	16	82	12	94	31	70	07
71	02	47	24	60	70	97	41	96	61	60	30	67	37	89	40	03	00	94	70	95
72	95	25	35	42	41	25	34	74	60	36	80	24	35	39	38	00	22	86	98	85
73	98	85	01	42	72	94	81	74	11	66	50	01	19	97	49	18	01	04	91	88
74	02	25	46	36	85	82	55	23	49	62	73	69	66	58	47	58	30	76	02	15

75	69	25	29	29	91	93	31	65	43	92	58	07	25	64	11	54	65	69	55	16
76	43	51	01	71	74	66	61	32	20	08	37	55	43	16	41	01	71	11	44	88
77	29	30	05	54	29	50	54	87	35	45	69	69	94	67	89	66	25	38	13	36
78	88	11	54	97	33	76	53	86	04	11	89	27	09	43	29	68	96	11	35	44
79	92	31	68	87	08	91	20	81	02	67	67	79	20	65	33	16	09	38	27	76
80	52	20	37	47	96	98	53	49	23	16	60	88	42	67	46	52	80	29	63	41
81	63	68	81	12	65	75	77	46	01	77	95	85	25	74	82	19	68	58	77	93
82	09	81	14	75	10	96	99	15	70	03	27	87	54	98	82	82	86	97	42	37
83	32	07	65	74	58	46	20	14	11	66	23	50	94	03	57	60	14	86	96	68
84	04	63	48	98	66	52	21	59	05	61	08	22	10	19	97	17	37	51	39	54
85	90	67	52	22	52	08	51	60	01	06	78	01	80	38	30	61	75	32	66	60
86	89	70	79	73	60	28	74	41	55	89	33	34	34	54	07	82	71	03	62	76
87	46	25	32	28	38	05	50	46	69	77	58	52	33	69	35	58	01	67	12	23
88	14	43	01	84	47	35	32	59	90	29	59	26	85	23	10	25	64	15	00	15
89	65	05	31	62	40	57	40	22	44	63	46	69	27	78	11	09	92	21	74	41
90	62	97	72	57	04	93	34	35	93	07	65	71	71	59	58	95	85	64	32	44
91	00	33	26	81	26	44	20	62	66	76	78	19	59	72	83	31	11	16	35	63
92	49	11	59	58	02	78	37	49	68	94	34	54	71	70	43	67	02	80	76	81
93	99	52	66	19	26	77	18	44	65	73	64	53	82	34	41	24	91	05	89	87
94	68	41	27	52	08	82	25	80	19	55	55	88	62	25	25	28	97	40	16	13
95	27	85	13	74	19	88	99	02	23	56	17	24	39	27	71	01	27	32	01	20
96	63	73	88	02	45	78	51	38	06	90	14	95	29	65	07	53	03	80	28	92
97	46	18	83	17	24	16	15	29	73	10	42	54	47	08	76	79	32	38	73	94
98	48	31	02	47	67	53	54	23	98	83	61	26	69	52	41	20	05	31	63	70
99	22	90	24	75	75	39	70	50	88	22	61	91	73	34	66	15	98	59	23	12
100	57	78	79	46	23	82	16	50	08	13	67	00	90	82	06	04	92	31	95	91

读随机数的方法

例如要从 1 000 个样品中，随机抽取 15 个，组成 n=15 的一个样本，步骤如下：

（1）将 1 000 个样品编号，编号的次数与方法不受任何限制，每一个样品对应着一个编号，一般是从 000 ～ 999 号。

（2）在随机数表中任意指定一点，假定指定第 31 行、第 5 列交义指定为起点，往右连续取三个数，从随机数表第一页的随机数字为：

194 485 866 573 697　375 417 851 055 736　339 793 308 784 492

按照上面 15 个编号取得的样品，就是随机抽样的样本。

应该注意的是，在利用随机数表时，可以任意指定数表中任意一页。在该页上任意选一个起点，并可以从左向右，或从右向左，从上而下，或从下而上的随机取数。

参考文献

[1] 孙参运．商品学基础与实务 [M]．北京：中国财政经济出版社，2011．

[2] 郑克俊．仓储与配送管理 [M]．北京：科学出版社，2009．

[3] 柳和玲，施建平，贾东清．工学整合式实践教学实施方案 [M]．北京：中国物资出版社，2010．

[4] 霍红，刘莉．物流仓储管理 [M]．北京：化学工业出版社，2009．

[5] 解云芝．物流技术实务 [M]．北京：机械工业出版社，2006．

[6] 张耀平．仓储技术与库存管理 [M]．北京：中国铁道出版社，2007．

[7] 杨穗萍．现代物流基础 [M]．北京：高等教育出版社，2005．

[8] 朱珠．食品安全与卫生检测 [M]．北京：高等教育出版社，2009．